父子电影俱乐部
陪孩子走出叛逆青春期

The Film Club

David Gilmour
〔加〕大卫·吉尔莫 著　连城 译

南海出版公司

新经典文化股份有限公司
www.readinglife.com
出 品

献给帕特里克·克林

除了知道抚养孩子和教育他们是人类最重要也最为困难的学问以外，我对教育一无所知。

——米歇尔·德·蒙田 (1533—1592)

第一章

几天前,我在一盏红灯前停步的当儿,看到儿子杰西正步出电影院。他和新女友在一起。她用手指尖勾住他的外套袖子,在他耳边低语着什么。我搞不清楚他们刚看过的电影是什么——影院大门上方的公告牌被一棵繁花盛开的大树遮住了——然而一股隐隐作痛的怀旧之情涌上我心头,让我记起了我和他在一起,只有我们两个人在一起的那三年时光。我们一起看电影,在门廊上畅聊,那是一段不可思议的时光。一般而言,在儿子的青春岁月中,做父亲的不会那么迟还和他在一起。虽然现在我不像过去那样经常见到他(本该如此),但那过去的三年可真是愉快极了。对于我们两人来说,那都是一次幸运的转折。

当我还是一个毛头小伙子时，我相信世上有一个坏男孩们辍学了都会去的地方。它就像大象们的坟墓，位于地球的某个角落，只不过这个角落完全由小男孩们精致的白骨铺成。我深信这就是为什么直到今天，我仍不时发噩梦的原因。我梦见自己为通过物理学测验而学习，梦见自己怀着越来越焦躁的心情飞快地翻看课本——那些向量和抛物线——因为在此之前，我从来不知道有这些知识！

三十五年之后，我儿子的成绩在九年级时开始波动，到了十年级则一落千丈，我体验到了某种双重的恐惧，首先是因为这正在真实发生的事情，其次是源于一种记忆犹新的感觉。现在它仍然鲜活地盘踞于我的体内。我和前妻互换了房子。"他得和男人生活在一起。"她说。我搬进了她的房子，她迁到了我的阁楼，这阁楼太小，容不下一个一米九三的笨拙男孩。换了房子以后，我私下里认为，自己就可以代替前妻指导他做家庭作业了。

然而这无济于事。面对我每晚发出的"这就是你全部的家庭作业？"的疑问，我儿子杰西总是兴高采烈地回答"确实如此"。夏天时他去他妈家待了一个星期，他走后，我发现了一百项各不相同的未完成的家庭作业四散在他卧室中每一个你能够想得到的隐蔽角落。一句话总结，学校让他变成了一个撒谎精和狡猾的家伙。

于是，我们将他送到一所私立学校。好些个早晨，一位困惑不已的秘书会给我们打电话："他人在哪儿？"当天的晚些时候，我那四肢瘦长的儿子会出现在门廊上。他去了哪儿？或者去了郊区的商场参加说唱比赛，或者是去了不那么有趣的地方，总之不是学校。我们会狠狠批评他，他也会正儿八经地道歉，然后老实好几天，但接着他又会故态复萌。

他是一个性格温和的少年，非常骄傲，看来不会做任何自己不感兴趣的事，不管由此造成的后果令他有多烦恼。而很多事情确实令他烦恼不已。除了老师的评语还不算糟以外，他的成绩单令人沮丧。人们喜欢他，各种各样的人，甚至逮过他在学校墙上涂鸦的警察也喜欢他。是一位不敢相信自己眼睛的邻居认出了他。警官带他到警察局的时候说："杰西，换了我是你，我会考虑忘掉什么犯罪生涯。你真的不是那块料。"

最后，有一天下午，在辅导他学习拉丁语的过程中，我注意到他没有笔记，没有课本，什么都没有，面前只放着一张揉得皱巴巴的纸，上面涂了几行他想要翻译的讲述古罗马执政官的一段话。我记得他垂头坐在厨房桌子的另一端，这孩子有一张苍白的晒不黑的脸，这张脸上任何表情都一览无余，即使是猛地关上门引起的最小的不快你都能看到。这是星期天，正处于青春期的人会痛恨的日子，因为周末差不多已经过去，家庭作业却还没做，城市灰蒙蒙的，像阴天的海洋一样。湿漉漉的树叶掉落街头，星期一在浓雾中逼近。

过了半晌，我问："你的笔记在哪儿，杰西？"

"落学校了。"

他有语言天赋，知道它们的内在逻辑，具有演员般灵敏的听觉——这对他应该毫不费力——但看着他前前后后地翻着书，我看得出他对什么东西在哪儿压根一无所知。

我说："我实在是搞不明白，你干吗不将你的笔记带回家。这会让你学得更吃力。"

他听出我声音里的不耐烦了；这令他紧张，反过来又让我有些微的不快。他怕我。我讨厌这样。我不知道父子之间是不是都这样，抑或是，具体地说，我的急性子，我性格上遗传下来的不耐烦成了他焦虑的源头。"别紧张，"我劝慰他说，"这会很有趣的。我喜欢拉丁语。"

"你喜欢？"他急切地问，更像是为了将话题扯开，不再绕着他没带笔记这件事打转。我看着他忙乎了一阵——他沾了尼古丁的手指转动着钢笔，留下了糟糕的笔迹。

"到底怎样才能抓住一个萨宾女人①并获得她的芳心，老爸？"他问我。

"迟些我再告诉你。"

顿了一顿后，他问道："'钢盔'这个词是动词吗？"

我们继续谈下去，午后的阴影扩散到了厨房的瓷砖上。铅笔尖在塑料桌面上跳动。慢慢地，我意识到房间里发出一种嗡

---

① 源自罗马神话传说。相传罗马人为了延续后代，在罗马城建城之后掠夺了大量萨宾女人。

嗡声。这声音是哪儿发出的？他发出的吗？但那是什么声音？我的眼睛定定地看着他。那是一种乏味，没错，一种稀薄的、精细的，几乎如细胞般微妙地证实了他对手头正忙着的事情漠不关心。基于一些奇怪的原因，在那几秒钟的时间里，我感觉那声音似乎正在我的体内嗡嗡作响。

我想，这就是他在学校过日子的方式。这种东西，你不可能战胜得了。突然之间——就像打破窗户的声音一样明白无误——我知道在和学校的战役中，我们输了。

就在那一刻我明白了——这是一种本能——在这些事情上，我将要失去他。某一天，他会站起身，走过那张桌子说："我的笔记在哪儿？我告诉你我的笔记在哪儿。我随便将它们丢掉了。如果你不让我消停，我会让你吃不了兜着走。"随后他会走开，砰地大力关上门，事情大概会变成这样子。

"杰西。"我温柔地说。他清楚我在看着他，这让他焦虑不安，感觉他似乎又要遇上麻烦了；他前前后后地翻课本，这是他转移注意力的一种方法。

"杰西，把钢笔放下。请停一停。"

"什么？"他说。我感觉到他的脸色是如此苍白。那些香烟正在过滤掉他的生命。

我说："行行好吧。我希望你想一想，你到底是否要去上学。"

"老爸，那些笔记在我的……"

"别管那些笔记了。我希望你想一想，到底要不要接着上学。"

"为什么?"

我感觉到我的心跳加快了,血液涌上了我的脸。这是一个我从没做过的决定,以前甚至连想都没敢想过。"因为,要是你想不去学校,那也没问题。"

"什么没问题?"

直说吧,毫无保留地说出来吧。

"要是你不想再去上学,那么你可以不去。"

他清清嗓子。"你打算让我辍学?"

"只要你愿意。不过,请用几天的时间好好考虑考虑。这是一个非常……"

他霍地站了起来。每当兴奋难耐,他总是会站起来。他颀长的身体无法承受这种激动而保持平静。他将身体靠向桌子,压低声音,仿佛怕被人偷听到。"我不需要考虑几天。"

"还是考虑一下吧。我坚持。"

那一晚,我灌了几杯酒给自己打气,到我那坐落在一家老糖果厂里的阁楼,将这个消息告诉了她。她是一位身材瘦削的可爱女演员,是我认识的世上最善良的女人。她是一个非常"不女演员"的女演员,如果你明白我的意思的话。然而她是一个会做最坏打算的编剧,我说了不到几分钟,她就仿佛看到他像流浪汉般住在洛杉矶街道上的纸皮箱里的悲惨命运。

"你认为这一切之所以发生是因为他自尊心不足?"玛

姬问。

"不，"我说，"我认为之所以如此，是因为他讨厌学校。"

"要是他讨厌学校，那他一定是哪根筋出了什么问题。"

"我也讨厌学校。"我说。

"也许他遗传了你的基因。"我们徒劳地争论了一会儿，她流下了眼泪，而我喋喋不休地做出了连切·格瓦拉都会佩服的总结。

"既然如此，他该去找一份工作做。"玛姬说。

"你觉得，有必要以一件让他恶心的事来代替另一件吗？"

"那么，他该做什么？"

"我不知道。"

"也许他可以做些志愿者的工作。"她冷冷地说。

那天半夜，我醒了过来，我的妻子蒂娜睡在我身旁，我起床踱到窗口。月亮低悬在空中；它已经迷失了方向，等着被人带回家。要是我错了怎么办？我苦苦思索。倘若我必须以儿子为代价，让他毁掉自己的人生，又会怎样？

确实，我想，他是该做些什么。但做什么呢？我能让他做什么才能避免重演他的学校悲剧呢？他不读书，他讨厌运动。他喜欢做什么？他喜欢看电影。我也一样。事实上，在我三十多岁的时候，曾有好几年在一个电视节目里担当能说会道的影评人。我们能利用这一点做些什么吗？

三天后，他来到一家名为"天堂"的法国餐馆吃晚餐，餐馆里铺着白色桌布，到处陈列着银器。他在外面等我，坐在石栏杆上抽烟。他从不喜欢一个人坐在餐馆里。那会让他觉得每个人都抛弃了他，他是个没有朋友的失败者。

我给了他一个拥抱，可以感觉到他年轻身体的力量，它的活力。"让我们叫些酒喝，然后聊聊。"

我们走进餐馆。握手。成年人的仪式让他开心。他甚至和酒保开了一个《华生一家》①中的小约翰的玩笑。我们有些心烦意乱，安静地坐着等侍者上菜。我们煞有介事地等待着，一直没有说话。于是，我让他叫酒喝。

"科比埃，"他低声说，"那地方是在法国南部，对吗？"

"没错。"

"有点泥土味的？"

"正是这样。"

"请给我上一瓶科比埃。"他说完对女侍应莞尔一笑，像在玩东施效颦的把戏，不过，我倒觉得很有乐趣。天哪，他的微笑可真迷人。

我们一直等到酒端了上来才开口。"你来尽地主之谊。"我说。他闻闻软木塞，笨拙地将酒倒进酒杯，就像是猫从陌生的碟子里舔牛奶似的，啜饮了一小口。"我说不上来。"他说，他的勇气在最后一刻抛弃了他。

---

① 20世纪70年代美国热门电视剧。

"不,你行的,"我说,"你只需放松一下。要是你认为它不好,那就退掉。"

"我有点紧张。"

"你只要闻闻就好。你能辨别出来的,第一印象总是没错。"

他再次闻了闻。

"你把鼻子伸进去闻。"

"很好。"他说。女侍应也嗅了嗅瓶口。"很高兴再次见到你,杰西。你老爸是这儿的常客。"

我们环视餐馆。那边是一对来自埃托比科克①的老夫妇。那边是一位牙医和他的妻子,他们的儿子刚在波士顿的某所大学拿到了商科学位。他们向我们挥挥手。我们也向他们挥挥手。要是我错了该怎么办?

"那么,"我说,"你有没有想过我们上次聊到的事情?"

我觉得他想站起来,但却不能。他环视四周,似乎因为感到被束缚而愠怒。随后,他将苍白的脸转向我,似乎在泄露一个秘密。"说真的,"他低声说,"我不想再踏进学校一步。"

我的胃部一阵抽搐。"既然如此,那就不去了吧。"

他沉默地看着我。他在等我说话,等待"交换条件"中"条件"的出现。

我说:"我只说一件事。你不需要工作,也不需付房租。你

---

① 地名,位于加拿大。

可以每天睡到下午五点。但不准吸毒。你要是沾了任何一种毒品，这个协议立刻作废。"

"好吧。"他说。

"我可不是开玩笑。如果你沾上毒品那玩意，我会将房子拆下来砸在你身上。"

"好吧。"

"不过，"我说，"还有一件事。"我感觉自己像《神探可伦坡》①剧集中的侦探。

"什么？"他说。

"我想你每周跟我一起看三部电影。我来选。这是你要接受的唯一教育。"

"你在开玩笑吧。"沉默了一阵后他说。

我没有再多浪费口舌。第二天下午，我让他坐在起居室的蓝色沙发上，我坐在右边，他坐在左边，我拉下了窗帘，放了弗朗索瓦·特吕弗②的《四百击》。我觉得这是一个让人不知不觉爱上欧洲艺术电影的好办法，我想，在他懂得该怎么看这部电影之前，它一定会让他感到兴味索然。这就像学习常规文法的变体一样。

特吕弗，我解释道（我想简明扼要地讲一讲），通过走后

---

① 20世纪70年代美国热门电视剧。
② 弗朗索瓦·特吕弗（François Truffaut, 1932—1984），法国导演。

门拍起了电影。他高中辍学（像你一样），后来成了一个逃避兵役的人，一个三流小偷；不过他热爱电影，在整个少年时代，他常常溜进战后巴黎的电影院看电影。

特吕弗二十岁的时候，一位有同情心的编辑为他提供了一份写影评的工作——六年之后，他拍摄了自己的首部电影。《四百击》是对特吕弗早年麻烦不断的逃学生涯的自传性回顾[①]。

为了找到一位演员扮演青少年时候的自己，这位二十七岁的新手导演在报纸上刊登了一则广告。几个星期后，一个从法国中部的寄宿学校逃学、搭便车来到巴黎的黑发男孩，参加了安托万这个角色的试镜。

他的名字叫做让–皮埃尔·利奥德[②]。（到现在为止，杰西一直聚精会神地在听我讲。）我指出，除了精神病医师办公室那个场景之外，这部电影完全是在没有录音的状态下拍出来的——声音是后来补录上去的——因为特吕弗没钱购买录音设备。我请杰西留意一个著名的场景，也就是在一次巴黎户外教学时，全班的孩子一个个在老师背后溜走的场景；我也稍带提到一个非凡的时刻，也就是少年安托万和女精神病医师谈话的情景。

"留意她问他有没有和女孩睡觉时，他脸上流露的微笑，"我说，"记住，剧本上并没有这个场景，它完全是即兴拍的。"

[①]《四百击》的法文片名为"Les Quatre Cents Coups"，这是一句谚语，直译为"播种野生燕麦种子"，意为"少年时纵情玩乐"。
[②] 让–皮埃尔·利奥德（Jean-Pierre Léaud, 1944— ），法国演员。

我立刻发现自己说起话来开始像一位头皮屑过多的讨厌的高中老师。于是我开始放电影。我们从开头一直看到结尾——也就是安托万从少年感化院逃出来的那个长长的场景；他跑过田野，穿过农舍，跑过苹果林，一直跑到金光闪烁的海边。就好像他从来没看过海！它是如此宽阔无垠！它似乎无穷无尽地延伸。他跑下一条木阶梯，冲向沙滩，在那儿，波浪涌起，他缓缓回头并望向镜头；画面凝固，电影结束了。

过了一会儿，我问："你觉得怎么样？"

"有点乏味。"

我回过神来。"你看得出你的处境和安托万的处境有任何相似的地方吗？"

他想了一会儿。"没看出来。"

我说："电影的结尾，也就是最后一个镜头他脸上那种有趣的表情，你怎么看？"

"我不知道。"

"他看起来如何？"

"他很忧虑不安。"杰西说。

"他忧虑什么？"

"我不知道。"

我说："想想他的处境。他从少年感化院及家中逃出来；他自由了。"

"也许他在忧虑他现在该做些什么好。"

我说:"你的意思是?"

"也许他在说:'好吧,我已经跑了这么远,但下一步该怎么办?'"

"好吧,让我再问你一次,"我说,"你看得出他的处境和你的处境有任何共同之处吗?"

他露齿一笑。"你的意思是说既然我不必去学校,那么我现在该做些什么?"

"是的。"

"我不知道。"

"好吧,也许这就是那孩子看起来烦恼重重的原因。他也没有头绪。"我说。

过了一会儿,他说:"在学校的时候,我担心得到不好的分数,还有就是怕惹上麻烦。现在我不去学校了,我又担心,也许我已经搞砸了我的人生。"

"很好。"我说。

"怎么好了?"

"这说明你不想因松懈而毁了自己的人生。"

"但是我多么希望我可以不必再忧虑。你忧虑吗?"

我下意识地吸了一口气。"忧虑啊。"

"所以不管做得有多好,人永远不会高枕无忧?"

"这要看是哪一种忧虑了,"我说,"比起过去,我现在的忧虑更让人开心一些。"

他凝视着窗外。"现在发生的一切都让我觉得像是在抽烟。抽完后我就会担忧自己会不会得肺癌。"

作为甜点，第二天我给他放了莎朗·斯通①主演的《本能》。我再次对电影做了简单介绍，没什么特别。这是很简单实用的方法：不加渲染，只讲述梗概。如果他想知道更多，他会发问。

我说："保罗·范霍文②是一位荷兰导演。他在欧洲拍了几部卖座电影，后来到好莱坞发展。他的电影往往具有巨大的视觉冲击力，还有精妙的布光。他拍了几部不错的电影，都含有极端的暴力内容，但颇值一看。《机械战警》是这些电影中最好的一部。"我开始觉得自己听起来像一部摩尔斯电码机，不过我不想让他走神。

我继续说下去："他也拍了一部有史以来最为糟糕的影片，一部装腔作势的假经典，就是《美国舞娘》。"

我们开始看电影。一位茶色皮肤的金发女郎在和一个男人做爱的时候，用一把冰锥刺死了他。真可谓是美妙的开场。看了十五分钟后，观众很难不这样假设：《本能》并不只是讲低俗的人，它简直就是一群低俗的人拍的。电影中有一些学校男孩沉迷可卡因和女同性恋"堕落"的肮脏场景。然而，我得说，

---

① 莎朗·斯通（Sharon Stone, 1958—），美国女演员。
② 保罗·范霍文（Paul Verhoeven, 1938—），荷兰导演。

它是一部可看性强得不可思议的电影。全片勾起一股不让人反感的恐惧。一些重要或龌龊的事看起来总像是偶然发生似的，即便事实上并非如此。

随后出现了下面的对白。我向杰西指出，编剧乔·埃兹特哈斯曾经是一位记者，他拿了三百万美元的薪酬写出了这种东西来：

侦探：你跟他约会多久了？
莎朗·斯通：我没和他约会。我操他。
侦探：他死了，你是否难过？
莎朗·斯通：是的。我喜欢操他。

杰西无法将眼光移开屏幕。他有可能会欣赏《四百击》，但这部电影是另外一回事。

"你能暂停一会儿吗？"他说，然后跑到卫生间撒尿。坐在沙发上的我可以听到马桶座板被掀开的哐当声，随后是急匆匆的"放水"声，好像站在里面的是一匹马而不是一个人。"看在上帝的分上，杰西，关上门！"（我们今天要学的是方方面面的事。）梆的一声，门关上了。随后他急匆匆地回来，用发麻的脚猛跺地板，手提裤腰，跳回沙发上。"你得承认，老爸——这是一部非常不错的电影。"

第二章

一天,杰西带了一位女孩回家。她叫丽贝卡·吴,一位迷人的越南裔美女。"很高兴见到你,大卫。"她盯着我的眼睛说。

大卫?

"你今天过得怎么样?"

"我今天过得怎么样?"我像个傻瓜似的重复着,"马马虎虎。"

住在这个街区,我过得开心吗?哦,开心,谢谢你。

"我有一位阿姨,她住在从这儿过去的几个街区,"她说,"她人非常好。像老派乡下人,不过人非常好。"

老派乡下人?

丽贝卡·吴的打扮故作老成，她穿着整洁的白色牛仔裤，上身是褐红色尖领衬衫和皮夹克，脚穿披头士式短靴。你会有一种感觉：这些衣服是她自己买的，她课余兴许在服装店做兼职，星期六在四季酒店服侍那些脱下戒指假装未婚的行政主管们喝酒——在她忙着早点修完微积分学分的闲暇。她扭头对杰西说话时，我闻到了一股香水的味道。淡淡的清香，显然价格不菲。

"这就是你家呀。"她说。

然后他带她下楼，进了他的卧室。我表示反对。那里很难算是一个房间。没有窗户，没有自然光线。只有一张床和一条破烂的绿色毯子，衣服被丢在地上，CD四散在房间里，一台电脑对着墙，有个"图书馆"，里头有埃尔默·莱昂纳德[①]亲笔签名的书（未读）和乔治·艾略特[②]的《米德尔马契》（那是他妈妈满怀期望送给他的礼物），加上一批以皱眉头的黑人作封面的嘻哈乐杂志。一堆水杯放在床头柜上。一旦把它们弄倒，它们就会像被手枪射击一样迸裂。那儿偶尔还会有成人杂志在床垫和弹簧床之间探头探脑。"我不介意看色情杂志。"他不动声色地说。

"哎，我介意，"我说，"所以，请你把它们收起来。"

---

① 埃尔默·莱昂纳德（Elmore Leonard, 1925— ），美国小说家、编剧。
② 乔治·艾略特（George Eliot，1819—1880），英国小说家，《米德尔马契》是她的代表作之一。

隔壁的洗衣间里，家里大半的毛巾乱糟糟地摊在水泥地板上等发霉。不过我并没吱声。我认为现在不宜把他当小孩子看待，比如说一些"在我回到前院修剪草坪的时候，你们两个孩子为何不喝些牛奶吃点饼干"之类的话。

很快，贝斯低沉的声音穿过地板传了过来。可以听到丽贝卡的声音盘旋于音乐之上，之后是杰西的声音，更低沉，充满自信。跟着爆发出一阵大笑。不错，我想，她已经发现了他是多么风趣。

"那女孩多大？"他送她去地铁站回来后，我问。

"十六，"他说，"不过，她有男友。"

"我想象得出来。"

他没有把握地微笑起来。"你说的是什么意思？"

"没什么特别意思。"

他面有忧色。

我说："我猜，我的意思是，既然她有了男友，那她为什么还来找你？"

"她很漂亮，对吧？"

"她当然漂亮。而且她也清楚自己漂亮。"

"人人都喜欢丽贝卡。他们都想做她的男朋友。她让他们追她。"

"她男友多大？"

"和她一样大。不过，他是一个书呆子。"

"那很能说明她这个人。"我一本正经地说。

"怎么说？"

"这使她显得更为有趣。"我说。

他在厨房水槽上方的镜子里看了看自己，轻轻地将头侧向一边，嗖地吸了一口气，噘起嘴唇，煞有介事地皱皱眉头。这是他的"镜中脸"。这在别的场合下看不到。你几乎可以猜到，他那和浣熊一样浓密的头发，等一下就会全部竖起来。

"不过，在他之前的是个二十五岁的家伙。"他说。（他想聊聊她。）他有些困难地将凝视着镜子的目光收回，脸色也恢复到平常的状态。

"二十五岁？"

"她身边男人如云，老爸。他们像苍蝇一样围着她打转。"

一瞬间，他看上去比在他那个年纪的我聪明得多。没有那种妄想式的虚荣（也没什么成就可供虚荣）。但他和丽贝卡·吴在一起这件事还是让我紧张不已。这就如同眼睁睁地看着他坐进了一辆非常昂贵的汽车，老远就能闻到新鲜的皮革味。

"我不像是对她献殷勤或怎么的，对吧？"他问。

"对，一点不像。"

"也没有紧张什么的？"

"不紧张。你紧张吗？"

"走近看她时有一点点。别的时候都没问题。"

"在我看来，你的自制力相当好。"

"真的，是吧？"再一次地，你可以看到他的身上又出现了一种轻快的、暂时抛开了忧郁的情绪，但他接下来还是会回到引起这种情绪的焦虑和猜疑中，就像被重力牵引似的。我能给他的是那么少，我想——只能给他一点点安慰，如同用小小的苹果片喂公园里的珍稀动物。

透过墙壁，我可以听到我们的邻居艾利诺在忙活。她在厨房里嘎嘎地忙碌着，泡茶，听收音机。一种孤独的声音。我一边听着她那边的动静，一边思索着我自己的忧虑，我断断续续地回忆起了杰西的初次"约会"。他那时十岁，或许是十一岁。我抱着双臂看他如何准备；看他刷牙，将我的除臭剂喷在他小小的腋窝下，穿上一件红色 T 恤，梳理头发，然后出发。我尾随着他，躲在灌木丛和树后，不让他看到我。（在阳光下，这位紫色头发的小人儿是多么好看。）

过了一会儿，他出现在一幢高高耸起的维多利亚式房子旁的私人车道上，身边有一位小女孩。她比他高一点点。我跟着他们走到布罗尔街，他们进了一家"咖啡时光"，脱离了我的监视。

"你没觉得我配不上丽贝卡，对吧，老爸？"杰西边问边照镜子，镜子中，他整张脸都扭曲着。

"没有谁是你配不上的。"我说。不过，这样说的时候，我的心不住地颤抖起来。

那个冬天，我有大把时间。我当时在主持一个没人看的小型纪录片节目，不过合约就要到期了，执行监制也没有回我那略显急切的电子邮件。我有种不舒服的预感，我的电视生涯已经结束了。

"你不妨出去走走，像别人一样找找工作。"我太太说。这话吓着我了。五十岁的人还毕恭毕敬地四处找工作？

"我相信人们不会以异样的目光看你，"她说，"这无非就是一个人在找工作而已。人人都这样。"

我给以前的一些同事打电话，他们曾经羡慕我的工作（我以为的）。然而他们或是已经换了新工作，或是娶了新一任妻子，生了小孩。我可以感觉到他们的亲切友善，与此同时又觉得自己格格不入。

我和一些多年未见的人吃午饭。他们是我高中、大学以及当年在加勒比海一起度过快乐时光的老朋友。二十分钟后，我看着刀叉，心想，没有必要再做这么无聊的事情了。（我敢肯定他们也这么想。）我私下里嘀咕，难道我就要这样度过我的余生了吗？就我目前的状况来看，再过五年或十年，事情也不会变得更好。我轻易认为事情会"有某种转机"而"完美收场"的这种自信烟消云散了。

我画了一个让人不舒服的小图表。假设从此没有人再雇我工作，我存的钱足够我生活两年。如果我不再外出吃晚饭，这个时间会更长。（要是我死了，这个时间甚至还要长。）但接下来怎么办？做代课老师？这种事我有二十五年没做过了。这念头让我的胃部翻腾不已。早上六点三十分，电话响了，我从床上跳起来，心跳得厉害，嘴里一股恶臭；穿上我的衬衫、系好领带，然后套上有樟脑丸味道的运动夹克；讨厌的地下铁将我带向了陌生街区的红砖墙学校，我穿过过于明亮的走廊，到了副校长办公室。"你不就是以前常在电视上出风头的家伙吗？"这些想法会令你想在早上十一点狂灌烈酒。我曾那样狂灌过几次，当然，后果就是我像马尔科姆·劳瑞①一样，成了醉鬼。你搞砸了你的人生。

一天早上，我醒得太早，来到一个我不熟悉的餐馆。账单上来的时候，我发现价钱出奇地低。很明显出了什么差错，我可不希望让女服务员赔钱。我招手叫她过来。"这价钱似乎也太低了一点。"我说。

她看看账单。"不，不，"她快活地答道，"这是老年人特价餐。"

老年人特价餐——也就是给六十五岁以上的人吃的。更悲哀的是，我竟然体会到一种轻微的感激之情。毕竟，这一餐供早起的鸟儿吃的火腿蛋，几乎为我省下了两美元五十美分。

外面阴云密布。开始飘雪了，湿透的雪片飘落在窗玻璃上。

---

① 马尔科姆·劳瑞（Malcolm Lowry，1909—1957），英国诗人、小说家，小说《在火山下》是他的代表作。

街对面小小的泊车处消失在迷雾中。可以看到红色的车尾灯在移动,有人正在把车倒入停车位。恰好在这时,杰西的妈妈玛姬·胡索拉克打了个电话过来。她刚在我的阁楼里开了一瓶红酒,自斟自饮,想找个人陪她。街灯亮起来了,雾气围绕着街灯魔法般地闪耀着光芒。突然间,这变成了一个舒适而完美的夜晚,适合父母们谈论他们宠爱的小孩——我们聊起他的日常饮食(差劲)、运动(不做)、抽烟(让人烦恼)、丽贝卡·吴(麻烦)、毒品(我们一无所知)、阅读(不读书)、电影(今天放希区柯克①的《西北偏北》)、喝酒(在派对上),以及性格(爱做梦)。

聊着聊着,我再次意识到,我们过去曾经彼此相爱。这不是肉体之爱或是浪漫之爱——我们已经过了这个阶段——而是某种更为深刻的爱。(当我还年轻时,我并不相信这世上存在任何深刻的东西。)我们很高兴互相做伴,因听到彼此的声音而大为释怀。除此之外,我费了一番曲折才知道除了她,我无法再找到一个可以如我所愿并巨细靡遗地谈论我儿子的人——谈他今天早上说过些什么,他口齿有多伶俐,他穿上新橄榄球衫的时候有多么帅气。("你说得对极了!他特别适合穿深色的衣服!")

没有人受得了听这种破事超过三十秒还不从窗口跳出去。多么悲哀啊,我想——对于那些互相讨厌对方到麻木不仁的父母来说,会有多可惜啊,互相的厌倦剥夺了他们进行美妙交流的机会。

---

① 阿尔弗雷德·希区柯克(Alfred Hitchcock,1899—1980),英国导演。

"你最近交了新男友没有?"我问。

"没有,"玛姬说,"找不到喜欢的男人。"

"你会找到的。我了解你。"

"我不知道,"她说,"几天前,有人对我说,像我这把年纪的女人,死于恐怖袭击的机会倒大于结婚。"

"能讲出这话来可真了不起。谁说的?"

她提到一位和她一起彩排《海达·高布乐》、脸像鸭子的女演员。

"我们通读了一遍剧本,最后,那个我认识了几年的导演对我说:'玛姬,你很像是单一纯麦的苏格兰威士忌。'"

"是吗?"

"你知道她说什么吗?"

"什么?"

"她说:'这就是那种很廉价的酒,不是吗?'"

过了一阵之后,我说:"你是比她优秀的演员,玛姬。因为这,她将永远不会原谅你。"

"你总是对我说好话。"她声音颤抖地说道,忍不住哭了起来。

我记不太清楚了。有可能是同一个雾蒙蒙的夜晚,或是几个夜晚之后,丽贝卡·吴在凌晨四点打了个电话过来。电话铃声完美地融入了我的美梦，我梦见在夏日的乡村小屋，母亲在厨房里给我做番茄三明治，所有这一切早已不再，所以我一开始并没醒过来。它一直响啊响，直到我拿起听筒。像她这样一个女孩子，在这个时间还没有睡未免也太奇怪了，更别说打电话过来了。"丽贝卡，现在打电话过来太晚了。"我说。

"对不起，"她以一种并不让人觉得她非常对不起的腔调说，"我以为杰西房间里有电话呢。"

"就算他有——"我刚开始说，舌头就像打了结似的，说不出话来。听起来像是中了风。

你不能一早就劈头盖脸训十几岁的孩子一通。你必须等到他刷了牙，洗了脸，上楼，坐下，吃完他的炒蛋后，你才能训他。我对他说："见鬼，昨天晚上你们之间发生了什么事？"

"她梦见我了。"他试图掩饰他的兴奋之情，但他脸上有着一种在玩扑克时拿了一手大牌的人才会焕发的那种光彩。

"她跟你说的？"

"她跟他说的。"

"谁？"

"她男友。"

"她对男友说她梦见你了？"

"没错。"（这有点像哈罗德·品特[①]的戏剧了。）

[①] 哈罗德·品特（Harold Pinter，1930—2008），英国剧作家、导演。

"天哪。"

"怎么了？"他说，有点惊慌。

"杰西，当一个女人告诉你她梦见了你，你知道将会发生什么事，对吧？"

"什么？"他清楚答案。他只不过想听我说出来而已。

"那意味着她喜欢你。她以这种方式告诉你，你在她心里。真的是在她心里。"

"这是真的。我觉着她喜欢我。"

"我不怀疑这一点。我也喜欢你——"我打住了，一时词穷。

"但是什么？"

我说："这非常不靠谱，就是这样。而且很残忍。如果你的女友跟你说她梦见了另一位男孩，你当作何感想？"

"她不会的。"

"你的意思是说只要她在你身边，她就永远不会梦见别的男孩？"

"是的。"他说，声音显得并不完全自信。

我继续说下去。"我想说的是，杰西，女孩会以她对待前任男友的方式来对待你。"

"你这样认为吗？"

"不是我这样想。是我清楚这一点。看看你妈妈，她对旧男友一直友善又大方。这就是她没有污染你的耳朵、拉我上法庭的原因。"

"她不会那样做的。"

"这恰好是我要说的重点。要是她不会那样对待另一个男人,那么她也不会那样对待我。这就是我和她而不是其他人生了你的原因。"

"你清楚你们俩总有一天会分手?"

"我的意思是,你可以和白痴上床,但永远不要和她生孩子。"

这话让他闭上了嘴。

我已经将我们要看的电影的清单列了出来(贴在冰箱上面的黄色卡片),因此我知道在第一周我会给他放《罪与错》。伍迪·艾伦[①]近来的电影给人的感觉是他似乎在做急需完成的家庭作业,他想赶紧将它们拍完,然后抽身出来,这样他就可以做其他事情。所谓的其他事情,悲惨地讲,是另一部电影。这是一个恶性循环。不过,在拍了三十多部电影后,也许他已经做完了他毕生的工作;也许从现在开始,他有权做他觉得快乐的事情。

然而他还是有过一段佳作迭出的日子。《罪与错》是一部很多人曾经看过的电影,但就像契诃夫的短篇小说一样,他们

---

① 伍迪·艾伦(Woody Allen, 1935—),美国导演。

第一次看的时候不能完全理解它讲的是什么。我一向认为这是一部让你看看伍迪·艾伦如何看待世界的电影——在他眼中，像你的邻居般的凡人真的能侥幸逃脱罪行，最后又以遇上绝色女友的大团圆收场。

我提醒杰西注意这部电影娴熟的叙事技巧，它如何简明扼要地介绍了眼科医师（马丁·兰道①饰）和歇斯底里的女友（安杰丽卡·休斯顿②饰）之间的关系。仅仅几个场景之后我们就清楚了，他们从疯狂的求爱到蓄意的谋杀走了多久。

杰西会想些什么？他说："我想我会喜欢现实生活中的伍迪·艾伦。"我们就没再继续谈下去了。

接下来我给他放了一部纪录片——《火山：探究马尔科姆·劳瑞的生与死》。有些话你一生只能说一次，这里就是一个例子：《火山》是我一生中看过的最好的一部纪录片。二十多年前，当我第一次做电视节目时，我问一位资深制作人她听说过这部影片没有。

"你在开玩笑吧？"她说，"这部电影就是我进电视台工作的原因。"她甚至可以引用片中的台词，"'除非你像我一样饮酒，否则怎么可能理解一位来自塔拉斯科、在早上七点玩多米诺骨牌的老妇人之美？'"

---

① 马丁·兰道（Martin Landau, 1928— ），美国演员、电视导演。
② 安杰丽卡·休斯顿（Anjelica Huston, 1951— ），美国女演员。

电影讲的是一个多么传奇的故事啊：马尔科姆·劳瑞是一位出身富裕家庭的少年，二十五岁那年离开了英国，一路喝酒环游世界，最后定居在墨西哥，在那里开始创作一篇短篇小说。十年过去且喝了一百万杯酒以后，他将短篇小说扩展成为史上关于喝酒的最了不起的小说《在火山下》，在这个过程中他几乎将自己喝成了疯子。非常奇怪的是，那部小说绝大部分是在离温哥华十英里远的小木屋里写出来的。

有一些作家，我解释道，他们的生死和他们的作品一样，引发人们的好奇和赞赏。我提到弗吉尼亚·伍尔芙[1]（溺亡）、西尔维亚·普拉斯[2]（开煤气自杀）、斯科特·菲茨杰拉德[3]（因酗酒而早逝）。马尔科姆·劳瑞也一样。他的小说是文学上对自我毁灭的最为浪漫的颂歌之一。

"真可怕，"我对杰西说，"想象一下有多少像你这般年纪的人，每天喝得烂醉如泥，照着镜子，认为马尔科姆·劳瑞正在回头看他们。有多少年轻人认为他们在做着更为重要、更为诗意的事，而不是真的崩溃了。"我给杰西读了小说中的一段以指出原因，"劳瑞写道：'这就是我有时候看自己的方式，一个发现了一片他永远无法重返的非凡土地的伟大探险者，他只能给世界留下他看到的一切，而这片土地的名字就叫地狱。'"

---

[1] 弗吉尼亚·伍尔芙（Virginia Woolf, 1882—1941），英国女作家。
[2] 西尔维亚·普拉斯(Sylvia Plath, 1932—1963)，美国女诗人。
[3] 斯科特·菲茨杰拉德（Scott Fitzgerald, 1896—1940），美国作家。

"天哪，"杰西说，一屁股坐回沙发，"你认为他是认真的吗，他真的那样看待他自己？"

"我想是这样。"

想了一会儿之后，他说："我知道不应该是这样的，但是它以一种奇怪的方式让你想出去闯一闯，并最终被毁灭。"接着，我请他特别留意一下纪录片中的台词，它经常和劳瑞本人在文章中所描述的境况相契合。这里有一个例子，加拿大电影制作人唐纳德·布莱顿曾经描述劳瑞被监禁于纽约一个疯人院中的情形："这不再是一个某人可以在松软草坪上笑不可遏的奢华中产阶级世界。在这里，事情变成这个样子：尽管一切已经无可救药，人们还是继续活下去。"

"你是不是觉得我太年轻，读不懂劳瑞？"他问。

棘手的问题。我知道在他人生的这个关口，他翻到二十页便会丢开这本书。"在读他之前，你需要先读一些其他的书。"我说。

"哪些书？"

"这就是你要上大学的原因。"我说。

"难道就不能自己读？"

"你可以。但人们不会那么做。有些书你只有被迫才会去读。这就是正统教育的魅力所在。它让你读一些你通常不会去碰的书。"

"这是好事情？"

"最终来看，是的。"

蒂娜偶尔下班回家的时候会看到我用羊角包引诱杰西上楼——好像我是在海洋世界里训练海豚似的。

"他有非常通情达理的父母。"她说。她以前必须在夏天、假期，甚至周末做兼职来读完大学，现在她一定觉得这个下午的仪式有点伤人。

关于蒂娜，顺便说两句。第一次看到她在新闻编辑室忙碌时——那几乎是十五年前的事了——我就想："太漂亮了。算了吧，想都别想。"

可是，我们还是眉来眼去了很短的一段时间。几个星期后，她结束了这段关系。据她苛刻的观察，尽管我是"很有趣的酒伴"，但却不是"做男朋友的料。"

"在我这个年纪，"她说，"我可受不了为一段不会有结果的关系花上两年时间。"

几年时间一晃而过。有天下午，我刚离开地下商场里的银行，便在自动扶梯底下遇到了她。时光将她的脸拉长了，她看起来有些憔悴。我希望这是恋爱不顺造成的，这样我就可以再次展开追求了。我们终于正式约会了几次，有天晚上，我们从某处走回家，我凝视着她的背影，心想我一定要娶这个女人。这就像是某个自我保护的机械装置启动了，一如寒夜中的暖气炉。它说，娶这个女人，你会死而无怨。

听说了消息的玛姬把我叫到一旁，低声道："这次你绝对不能再搞砸了。"

接下来我给杰西放了《公民凯恩》——"相当好,但绝不是有史以来最佳的电影"。还有约翰·休斯顿①的《巫山风雨夜》——"胡扯"。然后是《码头风云》。

刚开始的时候,我提出一个问题,马龙·白兰度②是不是有史以来最伟大的演员?

随后我开始高谈阔论。我解释说《码头风云》表面上描绘的是在纽约码头清除腐败的故事,但它真正的意义是在美国电影里促进了一种新的表演风格——"方法派"——的形成,演员通过体验真实生活来塑造个性化的角色,它可能会过度个人化并令人不快,但在本片中却显得无比神圣。

我继续说道,观看这部获得了八项奥斯卡大奖的电影可以有多种方式。最表面的层次是它讲述了一位年轻人(白兰度饰)面对真正的良心危机的刺激故事。他应该容许邪恶的罪行不受惩罚吗,即使这罪行是他的朋友们犯下的?还是说他应该大声将它讲出来?

不过还有另外一种看法。电影的导演伊利亚·卡赞③犯过那种终生相随的可怕错误:他在 50 年代成了参议员约瑟夫·麦卡锡的"众议院非美活动调查委员会"的自愿证人。我解释道,

---

① 约翰·休斯顿(John Huston,1906—1987),美国导演、编剧和演员。
② 马龙·白兰度(Marlon Brando,1924—2004),美国演员。
③ 伊利亚·卡赞(Elia Kazan,1903—2003),希腊裔美国导演、编剧。

在委员会"调查"期间，很多加入了共产党的演员、编剧和导演被机械地列入了黑名单，他们的人生因此被毁。

由于阿谀奉承和自愿"供出他人名字"的表现，他得了个"大嘴卡赞"的绰号。影评人认为《码头风云》本质上是对背叛朋友的虚伪辩护。

我看到杰西眼中显出阴沉的神色，于是我不再解释，让他看马龙·白兰度和爱娃·玛丽·森特①在公园的一场戏。他拿着她的手套，戴在自己手上；她想要离开，但又不能，手套在他手上。当卡赞谈到白兰度的时候，总会聊到这个场景。"你看到了吗？"他经常以亲眼见证了本不应在这个世界发生却发生了的事件的人的腔调问采访者。

接下来，我放了《灵欲春宵》、梅丽尔·斯特里普②主演的《谁可相依》、格雷厄姆③原著的《第三人》。杰西喜欢其中的一些，有的则让他感觉乏味。但这总好过要他付房租和找工作。当我给他放《一夜狂欢》时，我大吃了一惊。

我说，那些不是在60年代成长起来的人很难想象披头士有多重要。那群稚气未脱的男孩每到一处都享受到罗马皇帝般的待遇。他们身上有一种非凡的气质，让人觉得不管他们的人气高得如何可怕，只有你自己才能理解他们有多么伟大，也就

---

① 爱娃·玛丽·森特（Eva Marie Saint, 1924— ），美国女演员。
② 梅丽尔·斯特里普（Meryl Streep, 1949— ），美国女演员。
③ 格雷厄姆·格林（Graham Greene, 1904—1991），英国小说家、剧作家。

是说，他们是你一个人的秘密发现。

我告诉杰西，1966年的时候我曾在多伦多的枫叶花园看过他们。我从未见过那样的情形，那样可怕的尖叫，那么多镁光灯的闪烁，约翰·列侬卖力地演唱 *Long Tall Sally* 这首歌。我身旁的十几岁少女狂热地抓住我的双筒望远镜，几乎连我的头也一把扯了过去。

我告诉他，1989年我曾采访过乔治·哈里森[①]，他当时发行了他的最后一张专辑。我在他的办公室里等他，当我转过身看到他——这位身材瘦长、披着一头厚厚黑发的中年男人——进来时，幸福得几乎要晕倒。"请稍等，"他以那种你在《艾德·沙利文秀》[②]中可以听到的腔调说，"我得先梳梳头发。"

我给杰西描绘了他们的《一夜狂欢》拍得多么"完美"——从闪烁的黑白拍摄，到乐队成员们领导潮流的白衬衫黑西装，到拍出纪录片那种现实生活感的手持摄影风格，都很完美。那种摇晃不定的六点钟新闻风格影响了一代电影制作人。

我向他指出影片中几个令人愉快的片段：乔治·哈里森（按照导演理查德·莱斯特[③]的说法，他是这几人当中最好的演员）表演的场景以及他们穿着糟糕衬衫的场景，还有约翰·列侬在

[①] 乔治·哈里森（George Harrison，1943—2001），英国歌手，披头士成员之一。
[②] 美国CBS电视台制作的一档综艺节目，由纽约娱乐专栏作家艾德·沙利文（Ed Sullivan）主持。
[③] 理查德·莱斯特（Richard Lester，1932— ），美国导演。

火车上对着可口可乐瓶口喷鼻息的情景（那时很少有人欣赏得了这个笑话）。但是我最喜欢的是披头士成员走下阶梯、冲出门来到一片空地上的那个情景。随着 Can't Buy My Love 这首歌在背景中猛然响起，这一刻是令人如此难以抗拒，如此心醉神迷，以至到今天，我仍然能体会到某种深刻而重要的东西近在眼前却永远无法拥有的那种感受。这么多年过去了，我还是弄不清楚这"重要的东西"到底是什么，而当我观看这部电影时，我却仍然感觉到它的存在。

放映前，我向杰西提到，2001年，还健在的乐队成员发行了曾荣列排行榜第一名的歌曲的合集。那张唱片立即高踞三十四个国家的畅销榜前列。加拿大、美国、爱尔兰和整个欧洲都如此。而它来自一个三十一年前已经解散的乐队。

随后，我说了这辈子一直想说的一句话："女士们先生们，让我们欢迎披头士乐队！"

杰西静静地看着电影，在电影快完时他简单地说了句："真可怕。"他继续说："列翰·列侬是这群人里演得最烂的一个。"此时他非常传神地模仿了列侬的样子。"真是个叫人尴尬的家伙。"

我无言以对。这音乐、电影、画面、风格……然而，最重要的是，这是他妈的披头士啊！

"请再给我点时间，好吗？"我说。我查找我拥有的披头士乐队 CD，最后在 *Rubber Soul* 上找到了 *It's Only Love* 这首歌。

我打开 CD 机,为他播放了这一首。我竖起手指以吸引他的注意力,以免他错过哪怕千分之一秒。

"准备好,准备好,"我狂喜地喊道,"最精彩的部分要来了!你听那个声音,简直就像带刺的铁丝网!"

我用盖过音乐的声音大叫:"这难道不是摇滚史上最好的声音吗?"

歌声结束,我重新坐回座位上。我凝神屏息了一会儿,然后恢复了常态,(这中八度的唱腔依然让我情难自禁)说道:"你觉得怎么样?"

"他们的嗓音挺好。"

嗓音挺好?

"难道你没有其他感觉了吗?"我大喊道。

他用那双遗传自他母亲的眼睛小心翼翼地打量着我,说:"你要我说实话?"

"说实话。"

"没了。"顿了顿,"我感觉不出什么。"他安抚似的用手拍拍我的肩膀,"很抱歉,老爸。"

他嘴边是不是隐隐有一种揶揄人的神情?我是否已经变成了一个夸夸其谈的老傻瓜?

第三章

一天下午,将近六点,杰西仍然没有出现。我走下楼梯,敲了敲他的房门。

"杰西,"我说,"我可以进来吗?"

他拥着毯子侧身而卧,面向墙壁。我打开床头灯,轻手轻脚地坐在他床边。

"我给你带了些吃的。"我说。

他翻过身。"我吃不下去,老爸,真的。"

我拿出一个羊角包。"既然这样,那我只好一个人吃了。"

他在被窝里露出饥肠辘辘的样子。

"那么,"我说(一边津津有味地吃着面包),"你在搞什么鬼?"

"没什么。"他说。

"和丽贝卡有关吗?"我说。

他突然坐了起来,浓密的头发根根直竖,像遭了雷击。"她有了一次高潮。"他低声说。我吓了一跳,几乎无法自制。这不是我期待的与十六岁儿子之间的交谈,至少不会详细到这种地步,否则他交的那帮朋友是干什么用的。不过我也看出,讲过这些话后,如同浮出水面见到光明一样,他已经将身体内的毒素排了出来。

我将一大口面包囫囵吞下,来掩饰我的不自在。

"但你知道她随后说了些什么吗?"他说。

"不,我不知道。"

"她说:'我真的喜欢你,杰西,但当我拥抱你时,却像在拥抱一位朋友。'"

"她这样说?"

"一点不假,我发誓,爸爸。就像我是她的女朋友或同性恋朋友之类的人一样。"

沉默半晌,我说:"你知道我怎么想?"

"怎么想?"他像罪人在等待判决。

我说:"我认为她是一个制造麻烦的小婊子,她喜欢折磨你。"

"真的?"

"真的。"

他又躺了下去，好像那可怕的事情又再次降临到他身上。

"听我说，"我说，"我很快就出去。我有些事情要做，而你又会开始想这件事……"

"也许吧。"

我斟酌着字句，小心翼翼地说："我不想和你讲不适宜的话——我们不是哥们，我们是父亲和儿子——不过，我想对你说，与对她们没有肉体吸引力的男人做爱，女人是不会有高潮的。"

"你确定？"

"确定。"我断然说。

这是真的吗？我思忖起来。没关系。这不是今天该追究的问题。

我带杰西到坎伯兰电影院看本·金斯利[①]主演的《性感野兽》。我知道他并没有看进去，他只是坐在黑暗中，想着丽贝卡·吴以及"拥抱一位朋友"那些事。在回家路上，我说："你想找个机会聊聊你今天想一吐为快的所有事情吗？"

他没有看我。"那当然。"他说。但听起来却像在说少管闲事。我们在一种奇怪的令人不舒服的沉默中走完通向地铁站的剩余路程。我们此前的谈话从来没有这么别扭过，但现在，我们之间似乎已经说完了该说的话。也许，就算年纪轻轻，他也

---

① 本·金斯利（Ben Kingsley，1943— ），英国演员。

直觉地知道我不会告诉他任何能改变什么的事。只有丽贝卡才做得到。但他似乎忘记了自己的神经系统是如何运转的，忘记了将事情说出来会令他释放，多少能让他从悲伤中走出来。他在我面前封闭了自己。而我奇怪地不情愿去闯入我未被邀请进去的房间。他正在长大。

当你伤心时，天气总是显得很可怕。下雨的早晨，午后单调的蓝天。一辆汽车碾过了门前的一只松鼠，而你进进出出屋子时，总会不自觉地看几眼那血淋淋的皮毛。在和他母亲玛姬以及我妻子蒂娜共进家庭晚餐时，他怀着一种客气的、有点机械的热情烦躁地拨弄着他最喜欢吃的牛排和土豆泥。他像一个生病的小孩子那样看着大人，还喝了许多酒。事实上量并不是太多。问题出在喝酒的方式，他喝得太快，像在求醉，一副老酒鬼的模样。我想，我们得多留意这件事。

隔着桌子看着他，我发觉自己的脑海中断断续续地浮现起种种不快乐的影像。我觉得他是在雨夜开车绕城转的出租车司机，车里散发出一股大麻的臭味，一份小报摊开在他旁边的座位上。我跟他说他可以随心所欲做任何事情，忘掉房租，整天睡大觉。我是多么酷的一位老爸啊！

但是，如果任何事情都不发生怎么办？要是我将他丢进一口没有门、没有出口的井里，最终他落得一个一连串烂工作和烂老板、挣不到钱、每日只顾狂喝滥饮的下场，我该怎么办？要是我为这一切创造了可能，我该怎么办？

夜深了，我发现他孤独地待在门廊上。"你知道，"我坐到他身边的藤椅上说，"你做的这件事，也就是辍学，是一条艰难的道路——你应该清楚。"

"我知道。"他说。

我继续说下去。"我只是想确定你清楚你在做什么，知道一个人上学只上到十年级会有什么后果。"

"我知道，"他说，"不过，我想，我无论如何会有一个美好的人生。"

"你这么想？"

"是的。难道你不是这样想？"

"我不是什么？"

"认为我会有美好的人生。"

我凝视着他，他瘦削的脸看上去没有防备，容易受伤害。我想我情愿杀了自己，也不愿再在他心里增添忧郁。

"我认为你会有一个了不起的人生，"我说，"说实在的，我深信不疑。"

这是一个春天的下午。五点左右，杰西摇摇晃晃地上了楼。我想要说些什么，但却没有开口。我们的协议就是这么规定的。我晚些时候也有个约会，要和某人喝酒，谈我在杂志社工作的事（我的荷包还要出血），不过我想还是给他放一部电影再出门吧。我放了《巨人》，詹姆斯·迪恩①扮演一位年轻的牛仔。当片头字幕出现在大牧场上时，杰西津津有味地咬着羊角包，用鼻子大声呼吸，这多少惹火了我。

"那是谁？"他一边说，一边起劲地咬着面包。

"詹姆斯·迪恩。"

他停顿了一下。"酷酷的家伙。"

我们聊起了洛克·哈德森②试图说服狐狸一般的迪恩卖掉他刚刚继承的一小块土地的场景。房间里还有三四个人，都是商人，穿着白衬衫打着领带，全都在谋划着同一件事，希望这个傻瓜卖掉他的土地。（他们怀疑那附近有石油。）哈德森给了他一叠钱。不卖，牛仔说，他很抱歉，但他喜欢拥有一小块自己的土地。虽然不大，但完完全全是他的。

告辞的时候，他在门边站住，无意识地拨弄着一条长绳，好像他是在耍一个套马的把戏似的。

"现在注意看这场戏，"我说，"看他如何离开房间，他手上在做些什么，他仿佛是在将雪花从桌上拂去。这就好像在对那些生意人说：'滚你妈的。'"

这是电影里一个极其怪异和出人意料的场景，第一次看的时候，你几乎难以相信自己的眼睛。

"哇！"杰西坐了起来，"我们可以再看一遍吗？"（换了

---

① 詹姆斯·迪恩（James Dean，1931—1955），美国演员。
② 洛克·哈德森（Rock Hudson，1925—1985），美国演员。

是契诃夫的作品，表现出敬畏是合适的，但对詹姆斯·迪恩，"哇！"显然是最恰当的反应。）

几分钟后，我不得不出门。走到门口，我说："你应当看完剩下的部分——你会喜欢它的。"我一厢情愿地认为他一定会看完的。但当我深夜回到家（搭出租车花了十一美元，却还是没得到那份杂志工作）时，我发现他坐在厨房的饭桌边吃一碗意大利面，嘴还张得大大的。我三番五次告诫过他别那样吃。让我生气的是他妈妈居然对此撒手不管。你不能放任小孩在饭桌上养成坏习惯。我说："杰西，嚼东西的时候，请闭上你的嘴。"

"对不起。"

"我已经跟你说过了。"

"我只在家里才这样。"他说。我应该说到这里就算了，但我做不到。"要是你在家里这样，那么，你到了外边就会忘记不能这样。"

"好吧。"他说。

我说："那么，你有什么看法？"

"什么？"

"你认为《巨人》怎么样？"

"哦，我没看完。"

过了半晌，我说："你知道，杰西，最近你什么都没干。你实在应该坚持看完《巨人》这样的电影。这是你唯一要接受的教育。"

我们都没有说话，而我想给自己找个台阶下，走出自己设下的自以为是的牢笼。"你知道丹尼斯·霍珀①是谁吗？"

"在《现代启示录》中扮演过角色的家伙。"

"我曾经采访过他。我问他最中意的演员是谁。我原以为他会说马龙·白兰度，人人都会说马龙·白兰度。不过他不是。他说是詹姆斯·迪恩。你知道他还说了什么吗？他说在他一生中，他看过的最棒的一场戏就是我们刚才看到的詹姆斯·迪恩玩绳子的场景。"

"你在开玩笑。"

"我是认真的。"过了一会儿，我说，"你知道詹姆斯·迪恩的故事，对吧？拍了三部电影以后，他在一次车祸中身亡。"

"他当时多大？"

"二十出头。"

"他当时喝醉了？"

"没有，他只不过将车开得太快了。《巨人》是他出演的最后一部电影。他自己却没能看到。"

他想了想。"你心目中最伟大的演员是谁，老爸？"

"白兰度，"我说，"特别是他在《码头风云》中的那场戏。白兰度拿起那个姑娘的手套戴在自己手上，这完全是他的即兴

---

① 丹尼斯·霍珀（Dennis Hopper，1936—2010），美国演员、制片人。

发挥。好得恰如其分。我们应当再看一遍这个场景。"我接着说下去——应该说是重复——大学时老师对我说过的话："你第二遍看到的东西才是真正的第一次看到。"你需要先知道结果才能从头欣赏它完美的结构。

他不知道该怎样回答——他还处于因《巨人》而不爽的状态中——于是说："当然。"

我挑选电影独断独行，全凭己意，没有特定的次序。最主要的考虑是它们都必须是好片，而且又能吸引人，最好还能有很强的故事情节将观众从自己的思绪中拉出来。因此我不会，至少现在不会，给他放类似费里尼的《八部半》这样的电影。这些电影我会在适当的时候放给他看。（或者不放。）我不打算放那些他看了无动于衷、感受不到愉悦的电影。你必须从某些电影开始。如果想激发一个人对文学的兴趣，不能一开始就给他来个《尤利西斯》——不过老实说，就算一辈子不看《尤利西斯》，我也不觉得有什么问题。

第二天，我挑的是阿尔弗雷德·希区柯克的《美人计》，照我看，这是希区柯克最好的一部电影。这部片子里的英格丽·褒曼[①]是极端美和极端脆弱的完美结合。她扮演一位德国间谍的

---

① 英格丽·褒曼（Ingrid Bergman，1915—1982），瑞典女演员。

女儿,是"暂居"南美的纳粹分子的一员。加里·格兰特[①]扮演她的美国上司,他爱上了她,甚至在她嫁给纳粹头目时也依然爱她。他的辛酸苦涩,以及她期待他会取消计划并娶她的渺小希望,赋予了故事惊人的浪漫张力。但它基本上还是一部经典的悬疑电影。那些纳粹会不会发现褒曼的真正使命?格兰特能否及时赶到救出她?电影的最后五分钟会让你紧张得喘不过气来。

我先简要地介绍了希区柯克,杰西像往常一样坐在沙发的左手边,手上端着一杯咖啡。我说,希区柯克是一位英国导演,他多少会以一种不健康的态度讽刺他电影中的一些金发女演员(我希望能借此吸引他的注意力)。我接着说他拍出了半打的杰作,此外,又不必要地补充说,任何不同意这一点的人很有可能并不是真正地喜欢电影。我叫他看看片中的几样东西。反派在里约热内卢的房子里的楼梯,它有多长?从那上面走下来需要多长时间?我没有告诉他原因。

我还叫他留意聆听那优雅的、有时也暗含弦外之音的对白,并且记住这部电影拍摄于 1946 年。我叫他留意一个非常著名的镜头,即开始的时候飘在高空的气球慢慢地降落到一群参加派对的人中间,然后镜头拍到英格丽·褒曼紧紧握住的双手。她抓住的是什么?(酒窖的钥匙,纳粹的罪证就隐藏在地窖里

[①] 加里·格兰特(Cary Grant,1904—1986),美国演员。

的酒瓶底部。)

我接着说,一些著名的影评人认为加里·格兰特在片中的表演是他一生中最好的一次,因为他可以"同时表现出善良和邪恶的特征"。

"你知道'同时'的意思吗?"我说。

"知道,知道。"

我给他看了宝琳·凯尔在《纽约客》上发表的一篇关于格兰特的文章。"他或许不能扮演太多角色,"凯尔写道,"但他可以做到的事,没有人能比他做得更好,而且由于他身上具有的那种有教养的无侵略性特征,以及他能睿智地接受自己的愚蠢,我们反而在他身上看到了被理想化了的自己。"

接着我做了那件我经常期待所有高中老师做的事。我闭上了嘴,开始放电影。

当一群建筑工人在街对面的教堂上工作的时候(他们正将它变成一座豪华的多层公寓),我们听到了如下对白:

褒曼(亲吻格兰特):这真是段奇怪的爱情。

格兰特:什么?

褒曼:事实上也许你并不爱我。

格兰特:若我不再爱你了,我会让你知道的。

杰西几次转头看着我,面露笑容,点头表示领会。之后,我们来到门廊上。他要了一支烟。我们看了一会儿对面大街上的建筑工人。

"好吧，你觉得这电影怎么样？"我不假思索地问他。

"不错。"他吐了一口烟，又吐了一口。锤子乒乒乓乓的声音穿过街道。

"你有没有注意到屋子里的楼梯？"

"注意到了。"

"在电影结尾处，你是否注意到了楼梯？当加里·格兰特和褒曼想要离开屋子，而我们不清楚他们是否能离开时？"

他一副被抓了现形的样子。"不，我没注意到。"

"这段楼梯长了一些，"我说，"希区柯克为了这个最后的场景新搭了一段楼梯。你知道他为什么那样做吗？"

"为什么？"

"因为这样做的话，他们需要更长时间才能走下来。你知道他为什么要这样做吗？"

"使电影的悬疑效果更强？"

"现在你能猜到希区柯克擅长的是什么了吗？"

"悬疑？"

我知道在这儿打住就好了。我想，今天你教了他一些东西，千万别又马上毁掉他的好奇心。我说："今天就是这些了，下课。"

然后，我在他的脸上看到了一种……是感激的表情吗？我离开椅子，正准备往里走。"不过，有一件事我想问你，老爸，"

他说,"那个镜头,也就是在派对上英格丽·褒曼手中抓着钥匙的场景,真的那么出名吗?"

"每个上电影学校的人都研究它。"我说。

"这是一个不错的镜头,"他说,"不过说老实话,它并没有真的打动我。"

"是吗?"我说。

"你呢?"

我想了一想。"我也是。"我说,然后走进了里屋。

第四章

　　杰西有了一位新女友,芳名克莱尔·布林克曼。她满脸雀斑,是个乐观的女孩,很有魅力。她尊敬父母,喜欢上学,是古典音乐俱乐部的会长,参加过业余戏剧表演,玩曲棍球,穿着溜冰鞋全城乱转。而我担心的是,如果她不能搞得杰西痛苦万分,她可能会辜负杰西的想象。另外,丽贝卡的幽灵每晚都像捣蛋鬼一样围绕在我们家周围,你根本比不过一个幽灵。

　　那年6月,我们三个人,玛姬、杰西和我,去了一趟古巴。一对已经离婚的夫妇带着他们心爱的儿子去度假。作为唯一一个有固定工作的人,我的妻子住到了玛姬那儿。对于外人或她那些有时不能原谅别人的朋友而言,我们这一次的家庭旅行,一定颇为奇怪,但蒂娜明白,玛姬和我上床已经是老早以前的事了。尽管如此,考虑到她住在我前妻的房子里而我们仨却去了加勒比海这个事实——生活有时显得何其不合常理。

这是最后一分钟才决定的。正当我不去想那个幽灵的事,正当我在那个早晨无力地踢着家具,对蒂娜倾诉找不到工作的烦闷(我在纪录片频道的工作已经像死鱼一样翻着肚子了)时,我在电话答录机上听到一条留言。打来电话的人名叫德里克·H,此公肥胖、红脸膛,是个以退为进的南非人。他正在制作一部一个小时长的纪录片,这么说吧,是关于伟哥的,他想知道我对此是否有兴趣。报酬为一万五千美元,要去费城和纽约,并在曼谷工作几周。按照德里克的说法,在曼谷,老男人服了伟哥后真的"如狼似虎干到至死方休"。

我们"开了一次会",我见到了剧组人员,预订了曼谷市河边的一家旅馆,并讨论了拍摄时间表。7月上旬开始。然后大家一通握手,庆贺相互之间的合作。那夜,我从会场走出来,兴奋难抑,醉得几乎以膝跪地爬行,于是想出了和杰西以及他母亲去旅行的主意。

去古巴的那一天,穿着溜冰鞋的克莱尔·布林克曼前来送别。轿车快来接我们的时候,她才来到。她哭得红肿的眼睛让我担心。

我们住在老哈瓦那中央公园酒店的两间豪华房间里。游泳池在屋顶上,肥大的浴衣挂在壁橱里,每天早上都有罗马盛宴般的自助餐。酒店花费让玛姬紧张兮兮——她是一位出身牧场的姑娘,长途电话通话超过一分钟她的心都会怦怦直跳——不过我一再说无所谓。除此之外,我们和儿子还能再旅行几回?他愿意和父母一块出游的时间还能有多长?

事情发生在我们到古巴的第三天夜里。那天我带杰西去参观了革命博物馆,看了卡斯特罗和他的八十二位战友潜回古巴闹革命时所坐的船,看到了死去的切·格瓦拉的照片。我们在一座可俯瞰高级住宅区的私家阳台上吃了顿晚餐,三个人都有点醉醺醺。我们跟跟跄跄地沿着主教大街去找一杯睡前莫吉托[①]。一支乐队在一间四四方方、满是飞蝇的房间里嘶吼。随后,由于天气酷热,加上豪饮,我的眼睛几乎睁不开,我们就这样回到了酒店。时间已近凌晨三点。玛姬回到了她的房间。我和杰西看了一会儿电视,然后就到了该睡觉的时候了。

"我可以关掉声音,让电视一直开着吗?"他问。

"你为什么不看看书呢?"我说。

我们关了灯。我感觉他躺在那儿,睡不着,浑身烦躁不安。最后,我开了灯。"杰西!"

他无法入眠。他太兴奋了。他问他可以出去抽支烟吗,就在那边,街对面公园边的长凳上。"你在这里就可以看到我,老爸。"最后我同意了。

[①] 原文为 mojito,一种鸡尾酒。

他迅速穿好衣服，匆匆走了出去。我在床上躺了一会儿，关了灯，随后又开了灯。我起身走到窗边，将窗户打开。空调停了。房间一片岑寂。突然间，一切都可以听得一清二楚，蝉鸣、用西班牙语聊天的声音，还有小汽车缓慢地行驶而过的声音。一辆客房服务的手推车从房间外面的走廊上经过，杯盘碰撞发出咔咔咔的声音。

我站在窗口，望向黑暗的公园一角。人影在黑暗中晃动。妓女们缓慢地走过街头，在路边的雕像旁抽起了烟。更远处是革命博物馆的圆屋顶。

杰西出现在我的视线中，他走在下面的人行道上，穿着宽松下垂的短裤，反戴棒球帽。他点起一根烟，如同置身于电影里，这里看看那里瞧瞧（我在他脸上看到了那种镜子里才有的表情），跟着走到街对面，朝公园的长凳走去。我刚想对他喊要小心，一个穿黄色衬衫的深肤色男人就从黑暗中闪了出来。他笔直朝杰西走去，伸着手。我等着看杰西是否会和他握手。他果然和那人握了手。上当了。另两个古巴人突然出现，微笑着，点点头，向杰西靠得很近，指着街道。他们难以置信地（我几乎不敢相信我的眼睛）从两侧夹着杰西，斜斜地穿过公园。

我穿上衣服，乘电梯下到大厅。天花板很高的宽大房间，大理石地板，冷得像溜冰场，放着罐头音乐，穿着灰色制服的保安拿着手提无线电站在大门边。他们向我敬了个礼，赶紧打开门。外面的热空气扑面而来。

我穿过街道,快步走向公园。一个妓女看到了我。她像一缕烟从公园的长凳上冒了起来,向我走来。我说,不要,谢谢。我穿过公园,四处环视,寻找杰西。他一定是被刚认识的伙伴带向了小街或后巷。但是是哪一条街巷呢?

我走向公园的东边,那里靠近出租车站和三轮车站,这时我才注意到,顺着公园的自然植被绿化带,是通向城里大剧院的街道。街道的终点有一盏明亮的灯。我沿着这条街走,来到一个露天的酒吧。这个地方空荡荡的,除了杰西在喝啤酒之外,那三个骗子在同一张桌子边紧靠着他坐着。他脸上有一丝焦急的神色,仿佛要发生一些不对劲的事。我走了过去。"我能跟你说几句吗?"

穿黄色衬衫的骗子说:"你是他爸?"

"是的。"

我对杰西说:"我得和你说几句。"

"好啊,说吧。"他说,别扭地匆匆起身。黄衬衫跟着他来到街道上,在旁边逗留,试图听我们说话。我说:"这些家伙不是你的朋友。"

"我只不过在喝啤酒而已。"

我说:"最后你付出的会远远超过一瓶啤酒的钱。你给这些家伙买了哪些东西?"

"还没买。"

老板走出了酒吧,他是个矮胖的家伙,神色非常镇静,对发生的事丝毫不感到惊讶。他走到杰西身边,拉住他的衣袖。

我说:"你干什么?"

这家伙没有搭理我。他只是拉住杰西的衬衫朝酒吧走。我感觉到自己的心脏异常剧烈地跳动着。我们着了道。妈的,我们着了道。

我用西班牙语对他说:"他欠你多少钱?"

他将杰西拉回了酒吧。他说:"十美元。"

我说:"一瓶啤酒就要这个价钱,贵得太离谱了。"

"就是这个价。"

"给你,"我说,往桌上丢下一张五美元的钞票,"我们走。"

但老板说:"他叫了一杯朗姆酒。我已经调好了。"

我说:"你的意思是说你已经倒好了?"

"一回事。"

我对杰西说:"你喝过那酒?"

杰西摇摇头,现在感觉到了害怕。

我说:"跟我来。"我们开始朝街上后退。骗子们跑出酒吧紧跟着我们。其中一人跟了过来,站在我们面前。他说:"他叫了酒。现在他必须付钱。"

我试图越过他,但他还是堵在我们面前。

我说:"我要叫警察了。"

骗子说:"叫吧,好极了。"不过他退了回去。

我们继续往前走,骗子在我们身边上蹿下跳,拉我的衣袖,他的伙伴紧随其后,我对杰西说:"别管发生什么事,继续往前走。"我们穿过公园,几乎要跑起来,杰西紧紧地靠着我。随后,一望见酒店的大门,我就对他说:"快跑。"

我们跑到街的对面,到了酒店门前,进去,穿过供晚间出入的门。然而他们也跟了进来,一直进入到酒店的大厅。我一边走一边对穿着黄衬衫的家伙说:"你他妈的最好给我滚出这儿。"但他一点也不害怕。电梯门开了,他试图挤在我和杰西身边,他的同伙在大厅里徘徊。

两个保安不知从哪里冒了出来,讲了几句西班牙语。门关上了。我们上到三楼,杰西没说话。他向我投来忧虑的一瞥,看着镜中的自己,又露出了那种表情。他一定以为我对他大为光火,理论上讲,的确如此,但是他不知道的是我体验到了一种快意。听上去很老套——飞身上马,赶来救他。好好地服侍他,保护他,恪尽职守。事实上,我正对事情一如自己所料而暗自高兴。过了某个年龄以后,你不会再为自己的孩子做那么多了,你的精力已经被榨取殆尽,没有能力再应付这些事了。

我们都紧张亢奋得睡不着,也看不进去电视。老实说,我很想喝一杯酒。"也许我们该走走,看能否买到啤酒。"我说。

我们在房间里等了十到十五分钟,然后向酒店门外窥看。没有黄衬衫的踪影。我们急急地沿着公园的边上走,穿过购物中心,来到主教大街,随后拐进狭窄的街道,来到海边。古老的城市笼罩在一片静谧的热气中。"那儿是海明威[①]以前常来饮酒的地方。"穿过黑暗的小佛罗里达酒吧时,我对他说,"现在变成了一个旅游陷阱,十美元一瓶啤酒,但回到50年代,它可以说是城里最好的一家酒吧。"

我们经过许多已经关门的咖啡馆,几个小时前,这些地方还洋溢着活力,到处可听到随意弹拨的吉他声,还可以看到点起的雪茄烟。我们经过一家老式的药店,黑色的木头搭建,一排排土罐陈列在后墙边。

没过多久,我们就走到了街尾海明威以前住过的旅馆门口,那里叫"两个世界"。"他最烂的那些作品都是在这里五楼的房间里写的。"我说。

"他的书值得读吗?"杰西问。

"你当时到底在想什么啊,杰西?"我说,"就这么跟着骗子走了?"

他没有回答。可以想象他的思绪正在脑海中左冲右突,奋力打开门和壁橱,想找出正确的回答方式。

"跟我说说吧。"我温柔地说。

"我以为我在冒险。在异国的城市抽烟和喝酒。你明白吗?"

"你不认为有些事情不太正常吗,比如那些家伙为什么在凌晨对人这么友好?"

[①] 欧内斯特·米勒·海明威(Ernest Miller Hemingway,1899—1961),美国作家。

"我不想伤他们的感情。"他说。我想，真的好年轻啊。哪怕他人高马大、能说会道，那都是幌子。

"那些家伙经常让人产生负疚感。他们整天做这种事。这是他们的工作。"

我们沿着街道走了一段长长的路。黄色街灯在我们头顶出现，阳台俯瞰着我们，衣物静静地悬挂着，像人一样若有所待。"如果你打算读海明威，"我说，"就读《太阳照常升起》吧。他的一些短篇小说也可以读一读。别的就写得有些古怪了。"我向四周望了望，可以闻到腐朽的砖石建筑物散发的臭味，听到海水冲击佩尔托大道另一端海堤的声音。不过我们没能找到酒吧。"他们说在哈瓦那，你可以在任何时间得到任何东西，"我说，"但很显然不是这样。"

在"两个世界"旅馆里面，一个夜班职员正和一位漂亮姑娘交谈。

我们沿着一条狭窄的鹅卵石街道向东走，外墙灰泥剥落的公寓楼出现在路两旁，茂密的藤蔓拖曳下来。天上没有星星，只有一个明亮的铜板似的月亮悬挂在空中。夜色正浓。我们来到一个广场，一座暗褐色的教堂蹲踞于一端，一家亮着灯的咖啡馆出现在另一端，三四张桌子摆在靠近广场中央的地方。我们坐了下来。一位穿着白色上衣的侍者从灯火通明的室内走了出来。

"两位？"

"请给我们来两杯啤酒。"

两杯啤酒被端了出来,凌晨四点,我们总算喝上了冰啤酒。

"我对刚在酒店发生的事感到抱歉。"杰西说。

"在这个世界上,有两条不能违反的原则。"我说,突然间变得话多起来,我很高兴我们来到现在的地方,"一、你永远不可能从混蛋手中得到任何有价值的东西。二、当一个陌生人张开手向你走来时,并不代表他想成为你的朋友。你听见我说的吗?"

仿佛有个饥渴的精灵加入了我们,不一会儿几瓶啤酒就见了底。"也许我们可以再来一轮?"我说。我伸出两根手指向侍者示意,手指在夜色中画圈圈。他走了过来。

"你们是如何让酒这么冰的?"我开心地问。

"什么?"

"算了,小事情。"

一只鸟儿在附近的树上啁啾鸣叫。

"今天的第一声鸟叫。"我说,转头看着杰西,"你和克莱尔·布林克曼相处得还好吧?"他身体向前倾斜地坐着,脸色不快。"这其实不关我事,"我温和地说,"我只不过随便聊聊。"

"为什么这么问?"

"我们出发的时候,她看上去心烦意乱,就这样。"

他挑衅性地喝了一大口啤酒。一瞬间,我仿佛从那个架势中看到了他和朋友们喝酒时的样子。"我能不能坦白跟你说,老爸?"

"只要合情合理,别说什么恶心人的。"

"克莱尔有点古怪。"一些冷酷的、不那么友善的神情浮现在他的脸上,就像一只老鼠来到一间新房子。

"你应该对克莱尔温柔一点。她一直过得不容易。"她的父亲是一位雕刻家,我高中时就认识,几年前用晾衣绳上吊自杀了。他是个该狠狠踢两脚的醉鬼、臭狗屎、混蛋。他就是那种一死了之、完全不顾虑自己的孩子会怎么想的家伙。

"我知道那件事。"杰西说。

"那就对人家温柔点。"

另一只鸟被惊动,飞到了教堂后面。

"我只是没那么喜欢她。我应当更喜欢她一点的,但是我做不到。"

"你是否为某些事情而感到内疚,杰西?你看起来好像刚偷了你奶奶的项链。"

"不是。"

"如果你只是因为感到自己没那么爱她,就对她生气,那是不公平的。尽管我理解这种心情。"

"你以前体会过?"

"那就是失望。"

我以为谈话到这里为止了,可就在这时候,我却感觉到他的身上伸出一条细细的线,需要大力牵拉,剩余的部分——

不管它是什么——才能全部被拉出来。看来沉默就会起到这种作用。

天空变成了一片暗蓝,一抹红条浮现于地平线上。世界是如斯之美。但也让人不禁怀疑:这究竟是上帝所赐予,还是经过几千几万年而随机出现的景观?而这又是否是每个在凌晨四点觉得心里快活的人都会忍不住思考的问题?

我把侍者叫了过来。"你们这儿有雪茄吗?"

"有的,先生。"他的声音在空荡荡的广场上回响。他从柜台的罐子里取出两根拿了过来。每根十美元。不过在这样的凌晨,除了这里,你还能在别的地方买到雪茄吗?

"我一直和另一个女孩有联系。"杰西说。

"哦。"我咬掉雪茄尾,把雪茄递给他,"谁?"

他说了一个我不知道的名字。我感觉,他似乎鬼鬼祟祟的,不诚实。

"只打过两三次电话而已。"他说。

"嗯。"

我吐出一口烟,再吐出一口。他将脸转了过去。"我还太年轻,不可能死守一个人,你不这样认为吗?"

"这真的不是问题的关键,好吗?"

过了一会儿,我们听到一阵柔和的弦乐弹奏的声音。一个年轻男子在教堂的台阶上坐着,俯身弹着吉他,缓缓地用手指拨着琴弦。在这蓝色的月光下,他让我想起了毕加索的一幅画作。

"你相信吗?"杰西说,"你是否看过这么……"他搜索着词汇,"……这么完美的东西?"

我们沉默地吸着雪茄,吉他的和弦在温柔的夏日空气中响起。

"老爸?"他突然说。

"嗯。"

"我给丽贝卡打了电话。"

"明白了。"我停止说话,吐出一口烟,咂咂嘴,"不是给你刚才提到的那人打。"

"我不想让你认为我是一个失败者,觉得我沉迷于丽贝卡·吴。"

天空柔和地变成淡蓝。月亮消失了。吉他声不紧不慢。"我沉迷于丽贝卡吗?"他问。

"迷恋一个女人没有错,杰西。"

"你以前曾经迷恋过谁吗?"

"拜托,"我说,"别把话题转到我这里来。"

"我没有告诉我妈。如果我告诉她,她就会哭,然后开始大谈克莱尔会有什么感觉。你不觉得奇怪吗?"

"关于丽贝卡的事?不。我一直认为你一心两用。"

"你是这样想的吗?这样对吗?"这个念头让他很兴奋,而我则感到一阵可怕的痉挛,如同我正看着他驾驶一辆慢慢加速的汽车撞向一堵水泥墙。

"我是否可以再跟你说件事?"

"当然。"

"血淋淋开始的爱情也会血淋淋地终结。"

侍者走了过来,从我们旁边的桌子搬走几张椅子,将客人带进了咖啡馆。

"天哪,老爸。"

第五章

从古巴回来,我诧异地发现我没有收到德里克的电话留言。那部伟哥的纪录片据称在一个月后开拍,而我们还没有最后的定稿剧本。我等了一天,又再等了一天,然后给他发了一封语气轻快的邮件,但我讨厌那种假装哥们的虚伪调调。他几乎立刻就答复了我。他提供了一个两小时长的关于纳尔逊·曼德拉的纪录片的方案:对曼德拉本人、他的前妻,甚至是他在狱中的密友进行全面的采访。他说这个方案要考虑到时间因素——毕竟曼德拉已经八十六岁了。当然我能理解这一点。德里克最后说,他非常抱歉,但是"时间所剩无多"。

我大为震惊。更别说古巴"庆祝"之旅后,我显然已经破产了。与此同时，我觉得这是我的报应。被骗来搞一件无聊而低俗的事情，活脱脱像个傻瓜。我记起我在教堂广场对杰西说过的充满传教士热诚的话："你永远不可能从混蛋手中得到任何有价值的东西。"

我在起居室里不停跺脚，紧握拳头，发誓要报仇。杰西静静地听着，他因为内疚而呆住了，我想。我喝醉酒上了床，凌晨四点醒了，起来撒尿。就在我对着马桶急泻的时候，我的手表从手腕上脱落，打着圈滑下了斜槽。我坐在马桶上，泪水静静地掉了下来。是我让杰西辍学，是我承诺要照顾他，然而现在看来，我甚至无法照顾好我自己。我就是臭狗屎，和克莱尔·布林克曼的父亲没什么两样。

到了早上，我感觉到一股恐惧像毒药一样在胸口扩散。我的头脑在急速运转，似乎有条带子在慢慢地将我捆绑，到最后，我甚至无法动弹。我只想做一些事情，想走动走动，于是我骑上自行车，驶向闹市区。这是一个燠热无比的夏日，到处都是讨厌的人。我骑着自行车沿着一条狭窄的小巷穿行，留意到一个骑自行车的快递员朝我这边骑来。那人戴着太阳镜，肩膀上挎着一个大包，手上戴着露指手套。然而最让我感兴趣的莫过于他的年纪看起来和我一般大。"冒昧问一下，"我说，"你是快递员，对吧？"

"是的。"

我问他是否能回答我几个问题，比如他挣多少钱，一天约赚一百二十美元。一天？是的，如果他够卖力的话。我问他服务的是哪家公司，他说了那个公司的名字。他是个随和的人，有一口洁白无瑕的牙齿。

"你觉得我可以在你公司找到一份工作吗？"我问。

他将太阳镜推高，用他那清澈的蓝眼睛打量着我。"你不是电视台的那个家伙吗？"

"现在不做了。"

他说："我以前一直看你的节目。我看过你采访迈克尔·摩尔[①]，那家伙可真是一个刺头啊。"

我说："你认为刚才那事有眉目吗？"

他低头俯看小巷，皱了皱眉头，说："好吧，我们有年龄限制。你必须在五十岁以下。"

我说："你没到五十岁吗？"

"到了，但我在那儿工作很长时间了。"

我说："你能否帮我一个忙？你可否代我跟你老板说说？告诉他我不是来这儿游手好闲的——我至少会做六个月，我的身体条件很好。"

他犹豫不决。"去说这样的事情挺奇怪的。"

我在纸条上写下我的名字和电话号码，递给他。

"我真的非常感谢你。"我说。

[①] 迈克尔·摩尔（Michael Moore，1954— ），美国导演。

一天过去了，然后几天过去了，毫无音信。我一直没得到他的回音。

"你能相信吗？"我对蒂娜说，"我甚至找不到像骑自行车送快递这样的工作。"

接下来的那天早上，在早餐的沉默气氛中，我从椅子上站起来，和衣倒在床上。我用被子盖着头，想继续睡觉。过了一会儿，我感觉身边有动静，如同有只小鸟落在了床上。

"我可以帮你，"蒂娜说，"但你得听我的，不能和我吵架。"

一小时后，她给我一份写了二十个名字的单子。有报纸编辑、有线电视制作人、公共关系专员、演讲稿撰写人，甚至还有我们勉强算认识的一位本地政界人士。她说："你必须给这些人打电话，告诉他们你在找工作。"

"我已经打过了。"

"没有，你没有打。你只是去看望了老友。"

我看着名单上的第一个人。"不是这个蠢货吧？我不可能给他打电话！"

她对我"嘘"了一声。"你说过你不会为这个和我吵架的。"

所以我没和她争吵。我让自己休息了一天，然后坐在厨房桌子前开始打电话。令我惊讶的是，她说得没错，大多数人都表现得很亲切。他们目前没有适合我的工作，但他们还是友好地鼓励我。

在对未来充满了乐观想法的那一刻（打电话总好过等待），

我对杰西说："这是我的问题，不是你的。"但他不是笨人或寄生虫，我能够感觉到他对目前的"形势"小心翼翼，能够感觉到他为这事要十元为那事要十元的时候，会表现出畏畏缩缩的神情。然而他能做什么？他身无分文。他的妈妈努力帮我排忧解难，但她只是一个演员，而且是舞台剧演员。当然不能让蒂娜拿出积蓄（她从十六岁起就开始存的）来养我儿子，因为我过于自信的鼓励，他已经成了一个盲目乐观、无拘无束的人。那段时间每到深夜（这种时候无论想什么都不会有好结果的），我总是会想，要是我的运气不能在短时间内变好，真不知道还会遇到多少过不去的难关。而因为钱的原因，家里的气氛又会变得多糟。

电影俱乐部又开始了。为了吸引杰西看更多的电影，但又不至于搞成像学校那样的气氛，我发起了一个寻找电影中的"伟大瞬间"的游戏。这个"伟大瞬间"可以是电影中的一个场景、一段对话或一段影像，它能够让人在座位上看着看着突然身体前倾，心怦怦直跳。我们以一部比较容易的电影开始，斯坦利·库布里克①的《闪灵》，它讲述的是一位失意作家（杰克·尼科尔森②饰）在一家荒凉破败的旅馆渐渐陷入疯狂，并欲谋杀自己家人的故事。

---

① 斯坦利·库布里克（Stanley Kubrick，1928—1999），美国导演。
② 杰克·尼科尔森（Jack Nicholson，1937— ），美国演员。

《闪灵》也许是斯坦利·库布里克导演得最好的一部电影。但原著小说的作者斯蒂芬·金①讨厌它,对库布里克也没有好感。很多人都和他持同样的看法;库布里克以做事吹毛求疵、自我崇拜闻名于世,他总是让演员一拍再拍,效果却令人生疑。拍摄杰克·尼科尔森拿着一把斧子伏击斯卡曼·克罗瑟斯②的场景时,库布里克让演员们拍了四十次。最后,直到看到七十多岁的克罗瑟斯几乎瘫倒在地,尼科尔森对库布里克说够了,他绝对不会再拍了为止。

后来拍摄杰克追逐挥舞着小刀的妻子(谢莉·杜瓦尔③饰)的场景时,他爬了五十八次楼梯,一直到库布里克满意为止。(值不值得这么做?可能第二次或第三次已经演得够好了?也许。)

然而更重要的是,斯蒂芬·金认为库布里克"并没有捕捉到"恐怖的精髓,并没表现出恐怖的来龙去脉。金曾参加过一次《闪灵》的试映,最后却悻悻地离开了。他说这部电影就像一辆没有引擎的凯迪拉克。"你上了车,可以闻到皮革味,但你哪儿也去不了。"事实上,他还说他认为库布里克拍电影是为了"伤害人"。

他说的话我有几分同意,然而我喜爱《闪灵》。我喜欢它的拍摄和布光手法,我喜欢三轮车的轮子从酒店地毯开到地板又开回地毯的声音。而且每次那对孪生姐妹出现在走廊的时候,

---

① 斯蒂芬·金(Stephen King,1947—),美国作家。
② 斯卡曼·克罗瑟斯(Scatman Crothers,1910—1986),美国演员。
③ 谢莉·杜瓦尔(Shelley Duvall,1949—),美国女演员。

我总是被吓得够呛。不过，要说我心目中的伟大瞬间，还是杰克·尼科尔森在幻觉中和那位像英国男管家一样刻板的旅馆侍者对话的场景。它发生在一间灯光炫目的洗手间里——充满了耀眼的橙红色和白色。对话起初平平无奇，但随后侍者警告杰克他的小儿子在"惹麻烦"，也许他应该"处理"一下。侍者（菲利普·斯通①饰）几乎毫无表情，相当平淡地说出台词，却抢走了杰克的锋芒。留意他每说完一句话时闭上干燥嘴唇的动作，那就像是一个微妙的、隐隐有几分下流的标点符号。

那个侍者直言不讳，他和他的孩子们之间也有问题。其中一个孩子讨厌旅馆，想将它付之一炬。但他（用一把斧子）"纠正"了她。"当我的妻子试图阻止我履行职责时，我也'纠正'了她。"这是一次完美的表演。不像杰克，他的演技从我最初在1980年看到以来没有什么进步。此处他看上去演得很幼稚，几乎像业余演员，非常糟糕，特别在那位极其节制的英国演员反衬下更是如此。

不过，这不是杰西心目中的伟大瞬间。他选中的是清晨小男孩偷偷溜进杰克的卧室想拿走一个玩具，却发现他父亲坐在床边目光如炬地盯着他的场景。杰克叫儿子过来，儿子拘谨地坐在他膝盖上。小男孩盯着父亲没有剃须的脸和惺忪的双眼——尼科尔森穿着蓝色晨褛，脸色煞白，如同一具死尸——

---

① 菲利普·斯通（Philip Stone，1924—2003），英国演员。

小男孩问他为何不睡觉。

过了一会儿才传来令人恐惧的回答:"因为我要做的事情太多了。"我们凭直觉明白了他所说的意思——像侍者所做的那样用斧子砍倒他的家人。

"就是这里,"杰西小声说,"我们可以再看一遍吗?"

我们接下来看了《安妮·霍尔》,主要是为了看戴安·基顿[①]在一家黑暗的酒吧里唱《仿如旧日时光》这首歌的场景。摄影机从侧面拍摄基顿,让她看起来像是正看着镜头外的某人。这个场景让我直起鸡皮疙瘩——她好像一边在唱着这首歌,一边用她的眼神营造出戏剧高潮。这也是她所扮演的那个角色终于实现了自我认同的一刻——安妮·霍尔是一位不谙世事的音乐人,在进行充满自信的初次登台表演。

有些电影后来再看会令人失望。也许是因为当初看的时候你正在谈恋爱,或是刚好因为失恋而心碎,反正就是正好有些事情加深了它的魔力。我给他放了《环游世界八十天》,当我还是杰西这么大的时候,这部电影中热气球在夕阳下飘浮于巴黎上空的壮观场景将我震倒,然而现在看来,实在是老掉牙了,无聊透顶。

但一些电影仍让你兴奋,年复一年依然让你感动不已。我给杰西放了《穷街陋巷》,这是马丁·斯科塞斯[②]在他电影生涯

[①] 戴安·基顿(Diane Keaton, 1946—),美国女演员。
[②] 马丁·斯科塞斯(Martin Scorsese, 1942—),美国导演。

开始时所拍的一部电影。它讲述的是主角在纽约充满暴力和阳刚气的小意大利区成长的故事。开场后不久有个场景我毕生难忘。背景是滚石乐队《告诉我》的戏剧性和音，摄影机跟着男主角哈维·凯特尔①穿过一家红灯区酒吧。任何在星期五晚上去过自己最喜欢的酒吧的人都很清楚这一刻的感觉。你熟悉酒吧里的每一个人，他们朝你挥手，叫喊你的名字，你整晚潇洒自如，顾盼自雄。哈维曲曲折折地穿过人群，在这里和人握握手，在那儿和人聊聊天，并随着音乐的节奏扭动屁股，缓缓地跳起舞来。它描绘的是一个热爱生活的年轻人，描绘的是星期五的夜晚在这个地方与这些人一起生活的鲜活场景。它也留下了一位年轻电影制作者的快乐印记，当他拍电影忘情沉醉时，他知道自己真的是在拍一部电影。

当然还有别的伟大瞬间：《法国贩毒网》中吉恩·哈克曼②在酒吧搜查的场景。"大力水手在此！"他大喝道，情急之下弄翻柜台，药瓶、弹簧刀、大麻烟都掉在地上。还有《伊斯达》中达斯汀·霍夫曼③问查尔斯·格罗丁④莉比雅是否在附近的时候，后者多看他一眼的表情。或者是《巴黎最后的探戈》里马龙·白兰度的独白，说的是一只经常在芥菜田里"跳起来寻找野兔"的名叫杜切尔的狗的故事。我们在夜深时看了《巴黎最

---

① 哈维·凯特尔（Harvey Keitel, 1939— ），美国演员。
② 吉恩·哈克曼（Gene Hackman, 1930— ），美国演员。
③ 达斯汀·霍夫曼（Dustin Hoffman, 1937— ），美国演员。
④ 查尔斯·格罗丁（Charles Grodin, 1935— ），美国演员。

后的探戈》,桌上点起了蜡烛,在电影接近尾声的时候,我看到杰西黑色的眼睛炯炯地凝视着我。

"就是这一刻。"我说。

我们看到奥黛丽·赫本①在《蒂凡尼的早餐》里坐在一幢曼哈顿公寓的防火梯上,她的头发用毛巾扎住,手指柔和而漫不经心地弹拨着吉他。镜头将这一切全收了进来,楼梯、砖墙、纤细苗条的女人,然后以中景镜头对准奥黛丽,接下来来了个大特写,她的脸占据了整个银幕,她那瓷器般精致的颊骨、尖尖的下巴颏儿、褐色的眼睛一下子表露无遗。她停止弹拨,随后惊讶地抬头看着镜头外的某人。"嗨。"她温柔地说。这是人们去电影院所要寻求的伟大瞬间,无论你是什么年纪,只要一看到它,你就永远难以忘怀。这就是电影为什么充满魔力的最佳例证,它会突破你的防线,真真切切地让你心碎。

片尾字幕滚过、主题曲渐渐消失的时候,我坐在那儿,仍然心醉神迷,不过我能感觉到杰西有所保留的神情,就像穿着泥泞的鞋子不愿意走过地毯。

"怎么啦?"

"这是一部奇怪的电影。"他说,按住了打呵欠的冲动。他感到不自在的时候,就会这么做。

"怎么说?"

---

① 奥黛丽·赫本(Audrey Hepburn,1929—1993),英国女演员。

"它讲的是两个'妓女'的故事。但是这部电影本身似乎并不知晓这一点。它以为自己讲的是某件甜蜜和疯狂的事情。"说到这里他大笑了起来,"我并不是瞧不起你真正喜欢的东西……"

"不,不,"我辩护道,"我并不是真的喜欢这部电影。我喜欢她而已。"我接着谈到杜鲁门·卡波特①,也就是电影原著小说的作者,他一直不喜欢奥黛丽·赫本扮演女主角的这个安排。"他认为女主角郝莉·戈莱特莉是个假小子,更接近于朱迪·福斯特②那种类型。"

"说真的,"杰西说,"实在无法想象奥黛丽·赫本会是个妓女。而在这部电影中,女主角偏偏是个妓女。那个男的,年轻的作家也一样。他们两人那么做的目的只是为了钱。"

郝莉·戈莱特莉是个妓女?

杰西以前问过我一次,是否认为丽贝卡和他是两个世界的人。我说不是,不过我暗暗担心——为这样一个绝色女子竞争,特别是在即将上演时髦肤浅表演的角斗场上展开竞争,他可能会被击败。我记得他在"那次事件"发生的几个星期后,曾将他那张苍白而绝望的脸转向我,说:"我想,我人生中想要的,

---

① 杜鲁门·卡波特(Truman Capote, 1924—1984),美国作家。
② 朱迪·福斯特(Jodie Foster, 1962—),美国女演员。

上帝都会给我，除了丽贝卡。"

所以当他"拥有"她时，我反而有种如释重负的感觉——因为这意味着至少在接下来的一阵子，他不会再疑神疑鬼，老是认为有个更大的快乐存在于自己指尖触不到的地方。回头想想，我猜是学校食堂传出的关于克莱尔·布林克曼的谣言，刺激丽贝卡重新燃起了对他——过去那个"惹人喜爱"的杰西——的兴趣。这个谣言将她讨厌的男朋友吹到了大海深处，而令人难过的是，谣言也一起带走了克莱尔。

然而真相是，一旦看穿她漂亮的外貌之后，那么丽贝卡·吴就是个超级讨厌鬼。她喜欢兴风作浪，最爱耍阴谋诡计和制造不幸。只想让身边人都以她为中心，是个从别人相互纠缠的苦战中汲取养分的怪物。只有这样才能让她明星般的脸蛋焕发光彩。

她在深夜里给杰西打来电话，暗示出现了麻烦事。她总是有一些"新点子"，比如在谈话结束时说，也许他们可以和其他人约会，看看合不合适之类。这是她让他一直上钩的方法。她不能忍受他是那个说"我得挂电话了，再见"的人。

大把时间就这样过去了，这样的谈话让他精疲力竭，感觉眼里似乎进了沙子。我真怕她会给他带来伤害。

然而杰西心里有个小小的难以进入的角落，换作是其他少年，都会让她进入的。基于我不清楚的原因，杰西像在一座大厦里保留了一间黑暗的房间，丽贝卡无从进入，这让她心烦意乱。你明白的，一旦她能拿着手电筒进去，一旦她能自由出入，那里就成了一间没有价值的房子。他也就没有价值了，而她则会扬长而去。但值得庆幸的是目前那还是一扇上锁的门，而她站在门外等候，试图找出可以扭开门的钥匙。

一个温暖的下午，鸟儿婉转啼鸣，割草机嗡嗡作响，铁锤在街对面改建的教堂上砰砰敲响，丽贝卡·吴出现在我们家的门廊上，她的黑发洋溢着健康和生机。她和我愉快地聊了两三分钟不带个人色彩的话题，就像在政客们筹集资金的晚宴上打哈哈的那种。聊啊，聊啊，聊啊，她毫不畏惧和我的眼神接触。像这样的女孩，有朝一日将会经营一家世界级的连锁酒店。

尽完对我的例行义务之后，她钻进了地下室。楼梯下的门温和而坚决地啪的一声关上了。我听到了年轻人的私语声，随后，我在想，我是不是应该提醒杰西刷牙，或是为枕头套上枕套（又决定不提醒他了）。我让自己远远地挪到了房间里一个带隔音的地方。

我想，何其完美，"优等生"丽贝卡·吴竟公然和一个高中辍学生谈恋爱。这应该不是她的父母划小船逃离越南时所期盼的事情吧？

别的一些午后，当她在经理培训课程上超常发挥，或者准备和青年保守党人辩论的时候，我和杰西却坐在沙发上看电影。从我的那些黄色卡片上可以看到，我们把几周时间花在一个名为"天才将会脱颖而出"的"单元"（这是一个让人讨厌的学校词汇）上。这只不过是众多影片中的一小批，有些片子甚至并不是那么好，但其中偏偏有一个不知名的演员表演非常出色，通俗地说，你清楚他或她成为大明星只不过是时间问题。比如萨缪尔·杰克逊①在斯派克·李②的《丛林热》中所扮演的瘾君子角色。他在片中只出现了三十秒，然而你会不由自主地问："那家伙是谁？"还有就是薇诺娜·赖德③在《阴间大法师》中扮演的一个小角色。

同样还有西恩·潘④在高中生性喜剧《开放的美国学府》中扮演的一个吸毒吸到目光呆滞的人。注意看别人和他说话时他看人的表情，你会认为他除了噪音之外已经什么都听不到了，就像两耳之间塞个巨大的枕头。他并不是主角，但在电影中他的表演是如此精湛扎实，这种耀眼，使片中的其他演员沦为替他合音的背景人物（加里·库柏⑤也会让他的同伴演员产生这种"失色"的效果）。

"我有没有才华？"杰西问。

"多得很。"我说。

"哪一类才华？"

该怎么说呢？"问题在于，"我说，"要拥有快乐的人生，就

---

① 萨缪尔·杰克逊（Samuel Jackson, 1948— ），美国演员。
② 斯派克·李（Spike Lee, 1957— ），美国演员、导演和制片人。
③ 薇诺娜·赖德（Winona Ryder, 1971— ），美国女演员。
④ 西恩·潘（Sean Penn, 1960— ），美国演员、导演和制片人。
⑤ 加里·库柏（Gary Cooper, 1901—1961），美国演员。

要擅长做一些事情。你有没有意识到你有做某些事情的天分？"

"我没意识到。"

我告诉他，法国小说家安德烈·纪德①曾在日记中写道，他二十岁在巴黎街头散步的时候，对于人们居然看不出他是能创作出杰作的人而生气。

杰西坐在他的位子上往前倾。"这恰好也是我所想的。"他说。

我给他放了奥黛丽·赫本主演的《罗马假日》。这是她第一次担任主角。当时她二十四岁，毫无表演经验，然而她和格里高利·派克②那不费吹灰之力和充满喜剧性的默契配合，表现出成熟得令人难以置信的表演天赋。她何以会在这么短的时间里表现得如此完美？她那奇特的口音和某种对情感的敏感，奇怪地让人想起了托尔斯泰笔下浪漫的女主角娜塔莎③。然而赫本也有一种人们难以学到的天赋，那就是天生和摄影机之间存在默契，不断有极具吸引力的表情出现。

我让杰西再去注意，镜头给她脸部特写时，永远都像找到了最佳的角度，仿佛受到某种引力般的吸引。《罗马假日》让她获得了奥斯卡最佳女主角奖。

作为我们"天才将会脱颖而出"单元的一部分，我挑选了

---

① 安德烈·纪德（André Gide，1869—1951），法国作家。
② 格里高利·派克（Gregory Peck，1916—2003），美国演员。
③ 托尔斯泰名著《战争与和平》中的女主角。

一位年轻导演的处女作。直到今天,这部几乎被人遗忘的电视电影,始终是我所看到的年轻电影人最令人振奋的作品。

　　为电视播放所拍的电影通常不属于优异作品,但你只要看上几秒钟《决斗》,你就会发觉它的独特之处。一开始,你先从司机的角度看去,有辆车正驶离某个令人愉悦的美国城市郊区,慢慢地驶出城外。这天很炎热,天空湛蓝,四周房屋越来越少,路上汽车也变少了,只剩下这一辆。

　　随后,一辆生锈的十八轮运输车平白无故地出现在后视镜中。它的窗户被遮着。你看不到司机,只能瞥见他的牛仔靴,他的手向车窗外挥着,但你就是看不到他的脸。

　　电影放到七十四分钟,那辆卡车像史前怪物般,在太阳烤晒的道路上追逐着小汽车,也像大白鲸在追逐亚哈[①]。它一会儿在路旁守候,一会儿隐藏在狭谷,看起来似乎失去了兴趣,随后突然间又出现,完全就是一个毫无逻辑可言的怪物的化身,就像床下有只手在拉你的脚踝一样。但是为什么会这样?重点来了:在还很年轻的时候,导演已经知道不需要回答这种问题。

　　一辆卡车和一辆小汽车——它们之间没有对白。它们只是在高速公路上追逐。我问杰西,其他人有可能这样处理素材吗?"像从岩石上挤出酒来一样不可能吧。"他说。

　　我暗示答案存在于导演的视觉攻击法上。《决斗》强迫你

---

① 美国作家赫尔曼·麦尔维尔(Herman Melville, 1819—1891)的小说《白鲸》中的情节。

看它，似乎是在对观众说，这里发生的事情非常重要，你以前曾经对这样的事情感到恐惧，现在它又重现了。

史蒂文·斯皮尔伯格[①]执导《决斗》的时候才二十四岁。他此前执导过一些电视剧（《神探可伦坡》的其中一集使他一举成名），但没有人预料到他会以这种手法处理这个题材。导演超越了那辆卡车，超越了丹尼斯·韦弗[②]扮演的那个饱受惊吓的司机，成为《决斗》中真正的明星。就像阅读一部了不起的小说的第一页，你会感到正在见证一位才华横溢、随性而为的天才的产生。不必扮演事后诸葛，不必显得过分精明。我猜，这正是斯皮尔伯格多年前告诉采访者的意思，他当时说每隔两三年自己就会重看一次这部电影，以"记住我当时是怎么拍出来的"。他暗示，只有年轻，才能不顾一切地自信。

你可以理解，为何一年后电影公司制片人只看了一眼《决斗》，就决定让他拍《大白鲨》。要是斯皮尔伯格连一辆笨重的大卡车都能拍得那么恐怖，那么想象一下他会如何拍一条大白鲨。这就像卡车司机一样，那条大白鲨你是看不见的。你只看到它的影响，一只失踪的狗、一个女孩突然被拉下水、一只救生圈浮在水面，这些迹象显示了危险的存在，但他始终不让你看到危险的真面目。斯皮尔伯格早年就凭直觉知道，如果你想要吓唬人，就要把重点放在对方的想象力上。

---

① 史蒂文·斯皮尔伯格（Steven Spielberg，1946— ），美国导演。
② 丹尼斯·韦弗（Dennis Weaver，1924—2006），美国演员。

我们看了DVD附带的《决斗》拍摄花絮。令我惊奇的是，杰西饶有兴趣地听斯皮尔伯格讲述他如何一个镜头接一个镜头地构建这部电影——其间花了多少心思，下了多少工夫。分镜头表，同时使用多部摄影机，甚至试了六七辆卡车来挑一辆看起来最凶的。"你知道吧，老爸，"他以一种见怪不怪的腔调说，"在这之前，我一直觉得斯皮尔伯格有点讨厌。"

"他是一个电影疯子，"我说，"稍微有些怪异的物种。"我给他讲了一位日日寻欢的年轻女演员的故事，在斯皮尔伯格、乔治·卢卡斯[①]、布莱恩·德帕尔玛[②]以及马丁·斯科塞斯刚刚开始他们的电影生涯时，她就认识他们。她后来说，她很惊讶地发现他们似乎都对女人和毒品不感兴趣。他们唯一想做的是聚在一块谈论电影。"正如我所说的，他们是电影疯子。"

我给他放了《欲望号街车》。我告诉他在1948年，那时相对而言还不出名的年轻演员马龙·白兰度如何从纽约搭便车来到马萨诸塞州普罗温斯敦镇上田纳西·威廉斯[③]的家，参加百老汇舞台剧的试演。他发现大名鼎鼎的剧作家正处于可怕的焦虑状态：家里没水没电，抽水马桶也堵住了。白兰度在保险丝后放了一些硬币，解决了电源的问题，然后又趴在地上修理水管。这一切做完后，他弄干自己的手，走进客厅，阅读他要扮演的

---

① 乔治·卢卡斯（George Lucas，1944— ），美国导演。
② 布莱恩·德帕尔玛（Brian De Palma，1940— ），美国导演。
③ 田纳西·威廉斯（Tennessee Williams，1911—1983），美国剧作家。

斯坦利·科瓦尔斯基的台词。读了大约三十秒，因嗑药而呈半昏迷状态的田纳西便挥手要他停下来，说："很好！"然后就让他回纽约去演这个角色了。

至于他演得怎么样，听说有不少男演员1949年看过白兰度在百老汇表演的《欲望号街车》后，就放弃了演艺生涯。同样的事情发生在维吉尼亚·伍尔芙身上，当她第一次读到普鲁斯特的作品时，曾想放弃写作。然而电影公司不愿意让白兰度演电影。他们说他太年轻，说话含糊不清。不过他的表演老师斯特拉·阿德勒早就有了先见之明，他认为"这位奇怪而自负的傻小子"会成为他这一代演员中最伟大的一位。事实正如他预言的一样。

几年后，一些当年和白兰度一起上过表演课的同学们回忆起他那些离经叛道的行径，说他能够倒立着背诵莎士比亚戏剧的台词，即使是倒立，他仍然能够比那天的其他任何演员背得更清楚，更打动人。

"《欲望号街车》，"我解释说，"是一部释放出瓶中精灵的戏剧。它改变了美国演员表演的整体风格。你可以感觉到这一点，百老汇初演时在剧中饰演米奇这个角色的卡尔·莫尔登[①]多年后曾经说过：'观众需要白兰度，他们是为了白兰度而看这部戏的。当他下台的时候，你能感觉得出他们期待着他很快会重

---

① 卡尔·莫尔登（Karl Malden，1912—2009），美国演员。

返舞台。'"

我发现自己已在过度推销这部电影的边缘，于是强迫自己闭上嘴。"好吧，"我对杰西说，"今天你将会看到一些不同凡响的东西。系上安全带准备出发吧。"

电话有时会响起来，我害怕听到那个声音。如果真是丽贝卡·吴打来的，那会让杰西的精力分散，就好像被人蓄意用石头砸破了窗户一样。8月下旬的一个酷热午后，在看《热情如火》的时候，杰西出去接了一个电话。他出去了二十分钟，回来时魂不守舍，满脸的不开心。我将电影倒回来重放，却发现他心不在焉的。他的眼睛定定地看着屏幕，就像抛下了一只锚，好让他可以放纵他对丽贝卡的担忧，任思绪四处漫游。

我关掉了DVD，说："你知道吗，杰西，这些电影是带着大量心思和热爱而拍出来的，它们需要观众坐下来一口气看完每一个场景。所以我要定一个规矩。从现在起，看电影过程中不许接电话。接电话是对电影的不尊重，是一种可恶的行为。"

"好吧。"他说。

"电话来的时候，我们甚至不能看是谁打来的，好吗？"

"好啦，好啦。"

电话再次响了起来。就算身处城市的那一端，丽贝卡显然也清楚杰西何时会分心。

"算了，你还是接吧。下不为例。"

"我和老爸在一起，"他低声说，"我稍后会回你。"传来一阵嗡嗡声，就像一只小黄蜂困在了听筒里。"我和老爸在一起。"他重复道。

他挂掉了电话。

"什么事？"我说。

"没事。"他随后恼火地吐出一口气，似乎一直在屏着呼吸，"丽贝卡总是挑一个最奇怪的时间，想聊一些事。"一瞬间，我觉得我看到了泪水在他眼眶里打转。

"聊什么？"

"我们之间的关系。"

我们继续看电影，不过我知道，他的心思飞向了别处。他看的是别的电影，他在想自己让丽贝卡不快的行为会招来她什么样的报复。我关掉电视机。他望着我，吓了一跳，如同他惹了麻烦。

"我以前曾有一位女友，"我说，"我们之间的对话永远都是关于我们的关系。只是谈来谈去，却没有真正的关系可言，无聊到了极点。给她回电话吧，把事情给解决了。"

第六章

热浪持续了一个星期之后,一天早晨,天气突然之间变了。车的引擎盖上结了露珠。云在天上舒卷,鲜明得很不自然。秋天,不是明天,也不是下周,但注定快来了。我抄近路穿过宏利人寿大厦来到布鲁尔街,看到保罗·维萨克独自坐在自动电梯旁的一间咖啡店里。他是个个子矮小、一本正经的法国人,三十年前曾在大学教过我超现实主义方面的课程,在那以后,对我在电视台的工作一直不满。他暗示说,他看我的电视节目算是屈尊了,不过他的男友——一个笨手笨脚的家伙——是我的狂热粉丝。这点我相当怀疑,但从未深究过。

维萨克抬起他那胖嘟嘟的白手朝我挥挥,示意我过去。我顺从地坐了下来。我们天南海北东拉西扯，我问了许多问题（一如往日，一切照旧），他则轻率地耸肩以对。这就是我们交谈的方式。当聊到杰西的话题时（话题始于："那您，您要怎么消磨这一天呢？"）我开始侃侃而谈，说小孩子不喜欢上学虽然不是什么值得鼓励的事情，但也不能算是"一种病"。然后又说到我如何对待一位不看电视或不吸毒的小孩，以及快乐的小孩子应该有快乐的人生，诸如此类一大堆。我说得停不下来，而就在我说的时候，我发现自己有种奇怪的喘不过气来的感觉，似乎刚刚爬完一趟楼梯。维萨克示意我别说话，我能感觉出自己——打个比方——就像一辆小汽车到处冲撞后才顺利停了下来。

"你在为自己辩护。"他以带有浓重口音的英语说，他在多伦多生活了四十年，说起话来仍像是戴高乐。我坚称没有，随后更是辩解了起来，解释了一堆不需要解释的事情，针对一些其实不存在的指责替自己说话。

"但学习这件事情，可是有所谓的黄金时期的，那之后再学可就太迟了。"维萨克带着法国知识分子那令人难以忍受的决断口气说道。

太迟？我猜，他的意思是不是说学习就像掌握一门外语，你必须在某一个年龄"掌握"口音，否则的话，你就永远别想正确发音？这可真是令人沮丧的理论，难道我们该把杰西送入一所军事学校？

维萨克似乎再无兴趣交谈（并且流露了出来），因此喝完意大利咖啡，他就离开了，去别的地方买一副烤箱隔热手套。那天晚上，他将是一群国际语言学家们的晚餐派对的主持人。这次碰面出乎意料地让我心烦。我感觉自己似乎被什么事情出卖了，妄自菲薄起来。我是为杰西还是为自己辩护？我是不是像个十岁的小孩在校园里吹嘘自己，但却一眼就被人看穿了？也许是这样。但我不希望任何人认为我做了对杰西有害的事。虽然我始终无法从脑海里驱逐他驾驶着大麻烟缭绕的出租车的影像。

三个十几岁的少女从我身边走过，留下一股口香糖和冷空气的味道。我想，也许一般人都高估了我们对孩子的影响。你到底要怎样才能逼着一个快两米高的小孩子做家庭作业？显然我和杰西的妈妈在这件事上已经失败了。

对维萨克的讨厌感，像一股突如其来又出乎意料的强风向我吹来。我有一种感觉，像我这种孩子气的奇怪行为，这种习惯性的自我辩解，之后会愈演愈烈。

在那张桌子前，我掏出一支钢笔，在餐巾纸上列了个名单，都是些以前曾和我一起上大学但后来却变得一文不值的人。B在墨西哥酗酒而亡；G，我少年时代最好的朋友，在吸毒后的精神恍惚之中，掏出一支枪对着某人的脸扣动了扳机；M，一个在数学、运动以及各方面都是天才的小孩子，现在整天对着电脑自慰，而他的妻子在市中心的一家法律事务所工作。这是一张令人欣慰、充满戏剧性的单子，里面甚至包括我的弟弟，我那令人难过的弟弟——他是田径明星、大学联谊会之王，现在则住在一家寄宿公寓角落的一间房子里，经过了这么些年，还在抱怨他受的教育不当。

但如果我错了怎么办？如果杰西将来不走出地下室并且"赶上这个世界"，该如何是好？如果我纵容他接受一些错误理论的影响，整天懒洋洋地围绕着那些自以为了不起的家伙打转而毁了他一生怎么办？再一次，我眼前出现一辆出租车在雨夜开过大学路的画面，而杰西就在值夜班的岗位上，成为通宵营业的甜甜圈店里的一张熟面孔。"嗨，杰西，麻烦给我和上次一样的套餐。"

过去这一年，在我的"指导"下，他究竟有没有学到任何东西？有没有必要知道这些？我们来看一下，他知道伊利亚·卡赞和非美委员会这些事，但他知道共产主义者是什么吗？他知道《巴黎最后的探戈》中的公寓是摄影师维托里奥·斯托拉罗[①]将灯放在窗外而不是室内拍出的，但他知道巴黎在哪儿吗？他知道用餐时刀叉应该面朝下放，法国的赤霞珠葡萄酒比加利福尼亚产的同名葡萄酒稍微要酸一些（很重要的知识）。可是除此之外，还有什么？吃饭的时候嘴要合上（做得时好时坏）；刷牙时也要刷刷舌头（正在学习）；做完三明治以后要洗掉水

[①] 维托里奥·斯托拉罗（Vittorio Storaro，1940— ），意大利电影摄影师。

槽侧边的金枪鱼汁（多数时候能做到）。

哦，可是听我说，他喜欢《这个杀手不太冷》中加里·奥德曼[1]像精神病患者一样拿枪冲下大厅的场景。他喜欢《欲望号街车》中马龙·白兰度一把将桌上的碗碟扫到地上的场景，白兰度说："我这里已经清理好了，你们面前的要清理一下吗？"他喜欢《与鲨同游》，喜欢的不是开场不久那个被他称为"只是个噱头"的场景，而是结尾。"那儿，"他说，"是电影表现得相当深刻的地方。"他喜欢《疤脸煞星》中的阿尔·帕西诺[2]。他喜欢那部电影，就像我喜欢《了不起的盖茨比》中的派对一样。你明知道他们很没规矩，又肤浅，但还是会不由得被吸引。他一遍遍地看《安妮·霍尔》，几乎能记住里面的每一句台词，还能适时引用，甚至喜欢到了曾半夜偷看的地步，结果被我第二天早上在沙发上找到了空盒子。还有《汉娜姐妹》也是如此。他沉迷于阿德里安·莱恩[3]执导的《洛丽塔》，甚至希望我把它作为给他的圣诞礼物。对这些事情我该感到开心吗？

是的，事实上我很开心。

但此后有一天，当雪花在窗外纷纷扬扬落下的时候，我们在屋里重温《疤脸煞星》，放到阿尔·帕西诺来到迈阿密的时候，杰西转头问我迈阿密在哪里。

---

[1] 加里·奥德曼（Gary Oldman，1958— ），英国演员。
[2] 阿尔·帕西诺（Al Pacino，1940— ），美国演员。
[3] 阿德里安·莱恩（Adrian Lyne，1941— ），英国导演。

"啊？"

他说："从这里过去的话，要怎么样才能到呢？"

我慎重地顿了一顿（他是不是在开玩笑？）。我说："往南走。"

"朝艾林顿还是国王街走？"

"国王街。"

"是吗？"

我仔细而认真地听着他像一个任何时候都在开玩笑的人那样说话。但这一次可不是笑话。"你去到国王街，继续走，一直走到大湖边。你穿过大湖，那就是美国国境了。"我等着他打断我的话。

"美国就在湖那边吗？"他说。

"是的！"我顿了一顿，"你继续穿过这个国家，大约走五百英里，会来到宾夕法尼亚州、南北卡罗来纳州及佐治亚州，"我仍然期待他打断我的话，"这时你会到达一个向海上伸出去的手指形状的州，那就是佛罗里达州。"

"噢。"他顿了顿，"往下呢？"

"佛罗里达往下？"

"是的。"

"好吧，让我们看看。你向右走，到达手指的底部，这里你会碰到另一大片水域，你再继续走一百英里，会到达古巴。记得古巴吗？就是我们曾经长聊过丽贝卡的那个地方。"

"那次真是了不起。"

"别打岔,"我说,"你走过古巴,再走很长很长的距离,最后你到达南美。"

"那是一个国家吗?"

我顿了顿。"不,那是一个大洲。你再继续走,走上个几千英里,经过丛林和城市,再经过丛林和城市,会一直走到阿根廷的尽头。"

他凝视着空中。他在看着想象中某些生动的东西,但只有上帝才知道那是什么。

"那是世界的尽头吗?"他问。

"很有可能。"

这一次我做得对吗?

玛姬住的街道上现在春意盎然。树木绽开指甲一般的花苞,好像在对着太阳伸展它们的枝条。我们在看一部过誉的艺术电影,一件很奇怪的事发生了,完美地说明了电影想要带给观众的某个教训。事情的开始是我听说隔壁的房子要出售,不是和我们一墙之隔的邻居艾利诺——她大概只有盖着英国国旗被人抬出去的时候才会离开她的房子——而是住在另一侧的一对夫妇,那个戴着太阳镜的水蛇腰女人和她的秃头丈夫。

我在那一周挑出来放给杰西看的电影完全是出于偶然,是意大利经典电影《偷自行车的人》。一个有史以来最哀伤的故事。一个失业的男人需要一辆自行车才能获得新工作，他费尽艰辛才得到它。这件事使他性情大变，在性生活上也恢复了自信，但自行车在第二天被人偷走了。他悲痛不已。演员朗培尔托·马奇奥拉尼[①]有一张难以言喻的脸，像一个饱受折磨的孩子。他该怎么办？没有自行车，就没有那份工作。看着他带着儿子满城寻找丢失的自行车，令人难受到几乎不忍卒看。随后他看到一辆无人看守的自行车，将它偷了出来。换言之，他决定将自己所受的痛苦转嫁到他人身上。他辩解说，这是为了家庭的利益，和偷他自行车的人完全不同。我解释道，关键在于，我们有时会调整我们的道德方位，什么是对什么是错取决于特定的时刻我们需要什么。杰西点点头，表示他很认同这个观点。看得出来他把这件事和他的生活放在一起考量，试着找出相似之处。

但这个偷车贼被抓住了，而且是当众被抓住了。几乎整个街区的人都看到了他是如何误入歧途的，包括他的儿子。他儿子的脸上浮现出我们永远不想在自己的孩子脸上看到的那种表情。

看完这部电影的第二天，也可能是几天后，我发现邻居家有人来来往往。我看到巷子里有个骨瘦如柴、面色阴沉的人，

---

① 朗培尔托·马奇奥拉尼（Lamberto Maggiorani, 1909—1983），意大利演员。

在我家的新垃圾箱那儿探头探脑。又有一天早晨，城市灰蒙蒙的，街道满是泥泞和杂物，仿佛刚刚退潮（你几乎以为会看到垂死的鱼在水沟里挣扎），邻居的房子挂出了"待售"的招牌。

我发觉自己刚开始还是随便想想，随后就越来越冲动地盘算，要不要卖掉我那在糖果厂里的阁楼（它疯狂地升值了），搬到我儿子和我深爱的前妻隔壁来住。当然，前提是他们希望我这样做。我越这样想，就越希望这样做，事情就变得越急切。不过几天工夫，事情就变得像救命一样严肃了。我估摸着，付完首期，我手上甚至还会有些余钱。虽然这不是我原先设计的人生轨迹，但原来的想法比这个更糟糕。也许这样一搬家，住在他们附近，还能让我转运。一天午后，我那位戴着太阳镜的性感邻居开着她那小巧实用的小汽车出现在街角，手里拿着个公事包匆匆地上台阶。

"我听说你要卖房。"我说。

"没错。"她说，同时干净利落地将钥匙插进了锁孔。

"能否让我先看看？"

可以想象那个脸色阴沉的房地产经纪人曾经警告过她千万不要这么做。但她是个好人。她说："当然可以。"

这是一栋适合小个子的房子，一栋法国人的房子，不过很整洁，让人感觉舒适，甚至地下室也是如此。不像玛姬那个，在那儿，即使洗衣机后面有鳄鱼跑出来你也不会惊讶。狭窄的过道、狭窄的楼梯、精心粉刷的卧室、精致的栏杆，还有一只引人好奇的药箱——尽管从她洁净的面容、行动坚决的个性来看,似乎不是要靠药丸镇痛的那种人。

"这房子售价多少?"我问。

她报了一个数字。很自然,它高得离谱,不过随后我想,最近我那糖果厂阁楼的估价也升了,人们告诉我说那里现在"正流行",和其他令人讨厌的东西(手机、三天不剃须)一样。这是一个适合赢家、适合赶时髦人群的地方。一句话,适合混蛋居住。

我向她解释了我的处境:我急切地想与十多岁的儿子和前妻住在一块。这让她大吃一惊。我问她能不能给我购买这栋房子的优先权。好吧,她说,她会和丈夫谈谈。

接下来就是混乱匆忙的一连串行动。打电话给银行,打电话给在糖果厂阁楼里的玛姬(她很高兴地同意了,而且热泪盈眶),与隔壁卖房的那位苗条女郎又谈了一次。一切看起来很顺利。

然而接下来,基于一些我无法揣测的原因,苗条女郎和她的秃头丈夫决定不优先卖房给我们。一天傍晚,她丈夫生硬地告诉我,会有两场看房会,看完之后我可以竞拍,和其他人一起出价。这不是好消息。希腊城[①]正渐渐成为热门地段,房价涨势吓人。房子的成交价动辄就比卖主最初的出价高二十万

---

① 多伦多市的一个街区。

美元。

看房会前一两天,我把杰西叫过来,告诉他那天下午召集他的一班好友到我们家门廊来。我请他们喝啤酒、抽烟,大约在下午两点集合。

你可以想象那壮观景象。当有意向的买家出现在邻居家的台阶上时,他们发现就在距离未来新居不过三英尺处,有一群面色苍白的毛头小子已经喝了半打的酒,狂抽了一通烟,还满嘴脏话。有些车停了下来,车上的人看见这边吵吵嚷嚷的情形,一下呆住了,随后开车走人。

大约一个小时后,那个脸色阴沉的房地产经纪人出现了,问这群小伙子,主人是否在家。我蜷缩在客厅,正想看看电视,心里却直发抖,如同汽车的报警器在我体内鸣响(良心有愧)。

"不,不,"我低声对杰西说,"告诉他我不在家。"

四点钟,看房会结束了。二十分钟后,当我偷偷地走下门前楼梯准备去希腊餐馆喝一杯时,我的神经几乎要爆炸了,经纪人出现在我面前。他有一张小小的、瘦骨嶙峋的脸,似乎不愉快的估价使他的皮肤萎缩了,更加没有光彩。"门廊上的那些先生们……"他以一副煞有介事的姿态说道。我试图转换话题,用一种开心的语调问他一些房地产以及街区的事;说我搞不好还会雇用他,因为我正准备买一套房子。哈哈哈,我像海盗一般笑起来。但他丝毫不为所动,不带笑容地说我家门口那些满口脏话的小孩吓走了好几个买主。绝对没有!我如同在为女王辩护。

接下来的星期天又是看房会。下了一阵雨,天空变成柔和的灰色,海鸥在停车场低飞,有一些则仰着头在地上走,嘴张开,好像在漱口。不管心里有多么不安,我还是坚持自己的策略。更多的啤酒,更多的香烟,更多驼背怒目而视的蠢蛋。我没有胃口在附近逗留,便骑上车飞快地过桥假装有事情要处理。四点后我才回来。雨已经停了。我刚刚经过我们经常去吃饭的希腊餐馆,就看到杰西穿过人行道向我走来。他脸上带着微笑,但有点小心翼翼的,似乎在防备着什么。

"我们有点小问题。"他说。看房会开始几分钟后,那个秃头男人就猛地走过草坪——这回他戴上了太阳镜——用双拳猛敲我家的门。在那些孩子们的注视下,他要求见我。

我?

"他不在这儿。"杰西告诉他。

"我知道他玩什么把戏,"秃头咆哮道,"他想搅黄我家房子的买卖。"

搅黄房子的买卖?这个字眼真粗鲁。特别是当这是事实的时候,更是如此。我突然觉得有一种羞耻恶心之感。更糟糕的是,我觉得自己像小孩子一样害怕——这感觉好像身处火舌四射的房间里——那就是,我惹上"大麻烦"了。这就像我开着父亲的车出来,没有驾照,还把它撞坏了。我还有一种不舒服的感觉,就是杰西清楚我做了错事,从头至尾一直清楚。更不用说我把他也扯进来了。一个典型的负面示范。"怎样让他应对危机？怎样让他得到他想要的东西？把他交到我手上，玛姬，我相信他能挺直腰杆，做个正直的人。"这些话竟然言犹在耳。

"我把我所有的朋友都卷进来了。"他说。

"能安全地回去吗？"

"我想再等一会儿。经纪人很生气。"

几天后，我请我的一位朋友做我的枪手，假装他是买家，为这所房子投了一个价。但他们一定是看穿了这把戏，几乎没花时间和他聊。结果，我的诡计，我将一群孩子扯进来的愚蠢和不道德的阴谋全都白费了。一对开花店的同性恋以接近五十万的高价盘下了这所房子。

我在想，这段插曲会不会成为杰西一生中最难忘的事情之一？（你永远不知道窗户何时开着，而当它开着的时候，你可不想丢一只死狗进去。）第二天，我将他拉到身边。"这是我犯过的最大的一个错误。"我说。

"希望和家人生活在一起并没有错。"他说。但我阻止他说下去。

我说："如果我想卖房子的时候有人这样对我，我会拿机关枪去扫射。"

"我还是认为你没做错。"他坚持说。

很难让他从不同的角度看待这件事情。我说："我就像是《偷自行车的人》中的那个主角。我把'有必要'当成挡箭牌，掩饰自己犯错的事实。"

"即使做了正确的事情又如何?"他顶嘴说。

后来,电影放完,我们出屋吸烟,我偷偷地向四周望望,确信秃头男人和他妻子不在附近。

"你明白后果吗?"我说,"现在每当我走到门廊上,都会往四周看,生怕这个家伙会出现。这就是代价。这真的是代价。"

第七章

我策划了一个"电影静态表演"单元，说的是如何通过不动声色的表演来抢走你身边所有演员的风头。当然了，我以《正午》作为开始。在这类影片里，有很多令人愉快的惊喜，每样东西仿佛都在它们该在的位置，合适的剧本，合适的导演，合适的演员阵容。《卡萨布兰卡》是这样，《教父》是这样，而《正午》无疑也是这样。加里·库柏扮演县治安官，正准备带着新娘出城，这时他听说一个刚出狱的坏蛋和其朋友正往城里赶，搭乘将于正午抵达的火车，想要"干掉"当年让他坐牢的人。库柏在城市的各个角落找人帮忙，然而每个人都有自己不能帮忙的好借口。最后，只有他一个人站在空荡荡的街道上，面对四个持枪的坏蛋。

当时的西部片普遍以彩色拍摄，而且大部分西部片的主角都是有着花岗岩般下巴的高傲英雄，这使他们看起来更像是卡通人物而不是血肉之躯。这部电影就是在这样的背景下脱颖而出的：以黑白拍摄；既没有漂亮的日落，也没有巍峨的山峦；相反，我们看到的是一个小小的近乎破败的小城。故事的主角也很不一样——一个怕事的男人，而且还毫不掩饰自己。

我提醒杰西这部电影拍摄于50年代初期，可以看出它和当时在好莱坞进行的政治迫害有所呼应。那些被怀疑同情左派的人，发现自己一夜之间突然被朋友们抛弃。

现在说来难以置信，《正午》上映的时候，曾受到各种各样的人抗议。他们批评它反美，指责在影片结尾抛下镇上的人离去的人，不配被称为"英雄"。电影的编剧卡尔·福尔曼被迫流亡英格兰，被打上了"亲共"的标签，没有哪家电影公司愿意雇用他。而在电影中扮演懦弱之徒的劳埃德·布里奇斯[①]两年内不得出演电影。这是非美活动调查委员会做出的裁决。

我向杰西指出，可以留意电影中一些美妙非凡的时刻，比如电影里表现空荡荡的铁轨的方式，就是以无声而平静的手法营造出危险迫在眉睫的感觉。每当看到这些铁轨，都被提醒在这个方向上，坏蛋们正在靠近。时钟的镜头同样如此，滴答、

---

① 劳埃德·布里奇斯（Lloyd Bridges，1913—1998），美国演员。

滴答、滴答、滴答……随着正午临近,它们甚至还会跑得特别慢。

随后可以谈谈加里·库柏。和他合作过的演员经常会惊讶不已,他在戏里做的事情特别少,看起来像什么都没演,什么都没做,似乎很难说他是在"表演"。但当你看到他在银幕上的表演时,却发现他能把其他人都变成背景。其他演员会发现自己的表演总是在他身边模糊成一片。

"看看有他出现的场景,你的眼睛会往哪儿瞄,"我对杰西说,"想象你是他的搭档,想和他飙戏。"

为了不那么严肃,我给他放了《流氓警察》。事实上,这是一部有趣又热闹的电影。理查德·基尔[1]扮演一位腐败的警察。当他的一位性情反复无常的同僚(威廉·鲍德温[2]饰)被传召作证时,我们看到饰演反派的基尔的演技是如何出色,甚至比主角演得更好。他那小小的眼睛,使他像是洛杉矶警察局里的伊阿古[3]。基尔不动声色的表演——以及它所暗示的他沉着自如的行事风格——具有催眠般的吸引力,你会明白为什么他这个角色令他的前妻也沉迷不已,以及为什么一旦他感到被人威胁,就什么事情都做得出来。我叫杰西留意一个场景,基尔只是以即兴甚至是娱乐性的方式说了几句话,就让安迪·加西亚[4]饰演的

---

[1] 理查德·基尔(Richard Gere, 1949—),美国演员。
[2] 威廉·鲍德温(William Baldwin, 1963—),美国演员。
[3] 莎士比亚戏剧《奥赛罗》中的反面人物,堪称最令人难忘的反面角色。
[4] 安迪·加西亚(Andy Garcia, 1956—),古巴裔美国演员。

被派来调查他的那名警官在头脑中产生了极度恐慌的想象。

"别被他沾沾自喜的英俊外表或者是脱口秀似的说话方式给骗了,"我说,"理查德·基尔可是货真价实的好演员。"

我们接着看大卫·科南伯格①的《死亡地带》。克里斯托弗·沃肯②扮演一位孤独的灵媒,其表演令人心碎,不愧是擅长以静态表演手法抢戏的高手。随后我们看了《教父Ⅱ》。你想对伟大的阿尔·帕西诺挑剔什么呢?他具有潜伏在洞口的海鳗那样的沉着定力,伺机行动,悄无声息。不信的话你看那场戏就知道了,就是那场有个参议员没有注意到帕西诺为购买赌场执照的第二次报价其实比他第一次还要低的戏。

我还放了《警网铁金刚》。它拍摄于四十年前,然而影响力依然丝毫未减。蓝眼睛的斯蒂夫·麦奎因③从来没有这么潇洒过。麦奎因是一位深谙"少即是多"的演员,他以那种只有伟大的演员才有的冷静去聆听别人。我从地下室找出一盘我以前对健谈的加拿大导演诺曼·杰威森④的访谈,他和麦奎因合作拍过三部电影。

"斯蒂夫不是那种只要站在舞台上,只凭一把椅子就可以娱乐观众的演员,"杰威森说,"他是一个电影演员。他喜欢摄

---

① 大卫·科南伯格(David Cronenberg,1943—),加拿大导演。
② 克里斯托弗·沃肯(Christopher Walken,1943—),美国演员。
③ 斯蒂夫·麦奎因(Steve McQueen,1930—1980),美国演员。
④ 诺曼·杰威森(Norman Jewison,1926—),加拿大导演。

影机,摄影机也喜欢他。他的表演向来真实可信,因为他总是在扮演他自己。你拿掉他的一句台词,他根本不会介意。只要摄影机还对着他,他就会很开心,因为他知道这是一个靠视觉的媒体。"

麦奎因的人生相当曲折。他曾是失足少年,在少教所待了几年。在做了几年海员后,他流浪到纽约,上了一些表演课。换言之,我对杰西解释说,这不是那种附庸风雅的戏剧俱乐部会长之类的家伙。我说,天才不见得只会出现在那些你认为该出现的地方。

我们看了阿兰·德龙[①]主演的《独行杀手》和劳伦·白考尔[②]主演的《夜长梦多》,当然,还有万能的克林特·伊斯特伍德[③](任何人都比不上他平静,看起来像无生命似的)主演的《荒野大镖客》。克林特绝对值得你长期关注。我列举了我喜欢他的五个理由:

1. 我喜欢他在《荒野大镖客》中的表演,他举起四根手指对造棺材的人说:"是我弄错了。做了四口棺材。"

2. 我很欣赏——正如英国影评人大卫·汤姆森指出的——1993年,当克林特和查尔斯王子并肩站在伦敦的国家电影剧院门口时,每位观众都很清楚谁才是"真正的"王子。

3. 我喜欢当克林特执导一部电影的时候,他从不会说:"开

[①] 阿兰·德龙(Alain Delon, 1935—),法裔瑞士演员。
[②] 劳伦·白考尔(Lauren Bacall, 1924—),美国女演员。
[③] 克林特·伊斯特伍德(Clint Eastwood, 1930—),美国演员和导演。

拍！"他总是很平静地说："准备好了就开始。"

4. 我喜欢《不可饶恕》中他下马的镜头。

5. 我喜欢克林特在《肮脏的哈里》里的形象，他一只手拿着枪，另一只手拿着热狗，走在旧金山的大街上。

我向杰西提到我曾经与威廉·戈德曼①在宴会上有过简短的聊天。他曾为《虎豹小霸王》写过剧本，后来又为克林特写了《绝对权力》。戈德曼极为欣赏他。"克林特举世无双，"他告诉我，"在这个自大狂主宰的世界里他绝对称得上专业人士。在他的片场，每个人都是来工作的，你做好你的事，就可以回家；而且因为他总想去打一会儿高尔夫，所以常常让大家早下班。他还和其他人一起走到片场的小餐厅吃午饭呢！"

1964年，当《荒野大镖客》的剧本到克林特手上时，它其实已经在外面转了一个圈。查尔斯·布朗森②说不接，说这是他看过的最糟糕的剧本。詹姆斯·柯本③也不想接，因为电影要在意大利拍摄，而他听说过许多针对意大利导演的负面评价。克林特以一万五千元的片酬接下了这部电影，不过——我对杰西强调——他坚持要删减剧本。他认为主角如果不说话的话，电

---

① 威廉·戈德曼（William Goldman，1931— ），美国小说家、剧作家。
② 查尔斯·布朗森（Charles Bronson，1921—2003），美国演员。
③ 詹姆斯·柯本（James Coburn，1928—2002），美国演员。

影会更有趣。

"你猜猜他为什么这么做?"我说。

"当然,一个不说话的人会让你有各种各样的想象,"杰西说,"一旦他张嘴说话,肯定就没那么吸引人了。"

"确实如此。"

他有一刻出了神,之后又补充说:"现实生活中要是能像这样该有多棒啊。"

"啊?"

"话不多。整个人会显得更神秘。女孩们喜欢这种。"

"因人而异吧,"我说,"你是个健谈的人。女人也喜欢健谈的人。"

回到电影的话题,三年之后,伊斯特伍德才看到完成后的电影。那个时候他大概已经忘掉这部电影了。他邀请了一些好友到私人放映室,说:"这部电影可能真的很烂,不过我们好歹看看吧。"

几分钟后,他的一位好友说:"哦,克林特,这是一部超级棒的电影!"《荒野大镖客》复苏了西部片,从这时起,它让已经成为"过气明星疗养院"的西部片恢复了活力。

电影放完后,我让杰西迁就我一下,重看一遍《巨人》中詹姆斯·迪恩那个捻绳子场景。迪恩被几个想和他做生意的狡猾商人围着,洛克·赫德森在桌上放了一千两百美元。"你现在有钱了,小子。"迪恩只是坐在那儿,一动也不动。"谁抢了戏?"

我问,"谁抢了整部电影的风头?"

我们甚至看起了电视剧——爱德华·詹姆斯·奥莫斯①在《迈阿密风云》中扮演穿着黑色西服的警长。我说:"这是一部愚蠢到让人难以置信的电视剧,但留意奥莫斯的表演——简直是神迹。他不动声色,却让你觉得他是藏着秘密的人。"

"什么秘密?"

"这就是静态表演带给人的幻觉。事实上没有秘密。只是暗示他藏着秘密。"我说。我的话听起来像在品酒一样。

然后,我关掉了影碟机。

"我想看完剩下的内容,"杰西说,"后面拍得好吗?"

伴随着街对面公寓二楼的施工队又砸又锯又焊的声响(一天比一天更响),我和杰西连看了三集《迈阿密风云》。有一回,邻居艾利诺脚步声重重地经过我们的窗户,并向里头瞥了一眼。我猜测她一定在想,我们两个为什么会日复一日地看电视。我忽然有一种近乎偏执的冲动想追上她,对她说,我们看的不是电视,是电影。我注意到,这些日子,只要一涉及杰西,都会让我产生惹人厌的辩解的冲动。

从我所站的客厅,可以看到丽贝卡·吴正转过停车场一角。

---

① 爱德华·詹姆斯·奥莫斯(Edward James Olmos,1947—),美国演员。

她穿着白色牛仔裤、白色夹克及淡黄色 T 恤,如夜色一般浓黑的长发还是一丝不乱地垂着。教堂外墙根下的建筑工人互相示意,当丽贝卡走过他们面前时,他们一个个呆若木鸡地看着她。一群灰色的鸽子忽地飞了起来,拍翼向西而去。

我正在重温德国新电影。那天我们正在看沃纳·赫尔佐格①的《阿基尔,上帝的愤怒》(我正准备为他讲述征服者用手指比对岩石上的血迹那个场景)。我必须说,有时候我是在播放影片前半小时才知道原来杰西出去过了,或者根本宿醉未醒。他压根没说前一晚跑出去喝酒的事,但他上楼的时候,我闻得出来。有一次,他前一晚刚出狱的朋友摩根(因袭击他人坐了三十天牢)跑来我们家庆贺。凌晨四点,我不得不很客气地请他回去,并让杰西去上床睡觉。

说"家"是说得好听,很多时候我觉得自己更像是手持皮鞭和椅子,忙着击退一堆混乱、骚动和不负责任的人。真的,这就如同灌木在房屋四周生长,不断地威胁要将枝条藤茎伸进窗户和门下,沿着地下室向上攀缘。从杰西退学到现在,已经一年多过去了(现在他十七岁了),然而没有任何迹象显示他想要"融入"这个世界。

我们的电影俱乐部仍然存在着。冰箱上贴着的黄色卡片,写着我们已经看过的电影,证明我们没有虚度时光,这一切并

---

① 沃纳·赫尔佐格(Werner Herzog,1942—),德国导演。

不是我的幻想。我清楚我无法通过电影给他系统的教育。但这不是关键。我们当然可以去潜水或集邮，但这些无法让我们有几百个小时的时间共处，并且可以天南地北地乱聊各种话题——丽贝卡、嗑药、剔牙、越南、性无能和香烟……

　　有时候，他会问一些我曾经采访过的人：乔治·哈里森（一个好人，尽管当你听到他的利物浦口音时，很难控制自己不跳起来，大叫着说："你曾经是披头士乐队的成员啊，一定和许多妞上过床吧！"）；泽吉·马里①（雷鬼教父鲍勃·马里②的儿子，名副其实的混球）；哈维·凯特尔（了不起的演员，可惜脑袋像装满了水泥）；理查德·基尔（一个典型的假冒知识分子的演员，到现在都没搞清楚别人会听他说话是因为他是电影明星，而不是因为他是思想家）；朱迪·福斯特（访问她就像试图闯入诺尔斯堡美军基地一样）；丹尼斯·霍珀（出言粗俗但有趣，一个了不起的家伙）；瓦妮莎·雷德格瑞夫③（热情、优雅，和她交谈就像和女王交谈）；英国导演斯蒂芬·弗雷斯④（又一个不知道须后水不应搽太多的英国男人，难怪没有一个女人想将头埋入他怀中）；小野洋子⑤（防备心强、浑身是刺的家伙，当你问她最近"计划"的原因和目的时，她会这样回答："你会问

---

① 泽吉·马里（Ziggy Marley, 1968— ），牙买加歌手。
② 鲍勃·马里（Bob Marley, 1945—1981），牙买加歌手。
③ 瓦妮莎·雷德格瑞夫（Vanessa Redgrave, 1937— ），英国女演员。
④ 斯蒂芬·弗雷斯（Stephen Frears, 1941— ），英国导演。
⑤ 小野洋子（Yoko Ono Lennon, 1933— ），日裔美籍音乐家、艺术家。

布鲁斯·斯普林斯廷①这个问题吗？"）；罗伯特·奥特曼②（健谈、有文化、性格随和，难怪很多演员愿意不计酬劳地去演他的戏）；奥利弗·斯通③（非常阳刚的家伙，本人比他写的剧本要聪明得多，会说出《战争与和平》？上帝啊，这是哪门子问题？现在可是早上十点"这样的话）。

我们聊起了60年代、披头士乐队（虽然聊过很多次，不过杰西还是迁就我讲下去）；有节制或毫无节制地喝酒；然后又聊起丽贝卡（"你觉得她是不是要甩了我？"）、阿道夫·希特勒、达豪集中营、理查德·尼克松、外遇、杜鲁门·卡波特、莫哈韦沙漠、苏吉·奈特④、女同性恋、可卡因、海洛因、后街男孩（我提议的）、文身、约翰尼·卡森⑤、吐派克⑥（他提议的）、讽刺、举重、小弟弟的尺寸、法国演员，还有康明思⑦……真过瘾！我很可能在等待一份工作，但我无须等待我的人生。它就在那儿，坐在我旁边的柳条椅上。正在发生的一切真是太美好了——纵使我清楚，将来的某个时候，这样的聊天终会结束。

这些天，当我作为食客来到玛姬的家里时，总会很温柔地

---

① 布鲁斯·斯普林斯廷（Bruce Springsteen, 1949— ），美国歌手。
② 罗伯特·奥特曼（Robert Altman, 1925—2006），美国导演。
③ 奥利弗·斯通（Oliver Stone, 1946— ），美国导演。
④ 苏吉·奈特（Suge Knight, 1965— ），Death Row 唱片公司创始人。
⑤ 约翰尼·卡森（Johnny Carson, 1925—2005），美国节目主持人。
⑥ 吐派克·夏库尔（Tupac Shakur, 1971—1996），美国饶舌歌手。
⑦ 爱德华·艾斯特林·康明思（Edward Estlin Cummings, 1894—1962），美国诗人。

在门廊上待上一阵子。知道杰西和我会在晚上再拿着咖啡杯到这里来，但再怎么样，也不会和以前一起看电影时的日子一样了。说来也奇怪，她屋子的其余部分，厨房、卧室、客厅、浴室，都没有留下我的痕迹，完全找不到以前曾住在这里的亲切感，只有在门廊上才有。

我说到哪儿了？哦，对了，那个春光明媚的午后，丽贝卡来访。

她轻快地走上楼梯，杰西仍然坐着。两人交换了一下眼神。她两手插在上衣口袋里，带着礼貌又有所保留的表情，好像一个女佣以为自己听到了一些不礼貌的话，却又不确定是不是真的听到了。某些非同寻常的事情正在发生。我能够看到远处有一位建筑工人，一动不动，站在梯子的一端，往这边望过来。

我听到开门声，两人走了进来。"你好，大卫。"丽贝卡说。显得轻松活泼，一副掌控一切的样子。或者，至少她想装出这个样子。"今天过得怎么样？"她问。

这再次让我惊讶。"我过得怎么样？好吧，我想想。我很好。你在学校过得怎么样？"

"我们在放假，所以现在我在 GAP 打工。"

"总有一天你会掌控全世界的，丽贝卡。"

"我只想当个有钱人。"她说。这是在打击我吗？杰西站在她身后等着。

"很高兴再见到你，丽贝卡。"

"我也是，大卫。"她说。她永远不叫我吉尔莫先生。

他们走下楼去。

我走上二楼，打开电脑，已经是今天第三次检查有没有新邮件了。玛姬是这个世界上最后一个使用拨号上网的人，因此连上网之前，总是伴随着一阵等待，并听到嗡嗡和嘎吱嘎吱的拨号声。

我在网上读了早报，然后从后窗望出去，看到邻居艾利诺正在她的后花园用一把锄头松土，为新的耕种季做准备。她的樱桃树正长出花苞。过了一会儿，我走到楼梯上，隐约听到有模糊的说话声从地下室传来。丽贝卡的声音很激动，然后是杰西的声音，死气沉沉的像在用腹语说话，有点装腔作势。

之后是沉默，跟着响起了脚步声，两个人的脚步声。他们没有说话。前门打开又被小心翼翼地关上了，似乎不愿意打扰到我。到我下楼的时候，我看到了杰西，身体往前倾，苦着一张脸。我看到远处有一个小小的人影，是丽贝卡，正消失在停车场的那头。那些建筑工人的脑袋一齐转向了她的方向。

我坐了下来，椅子发出咯吱咯吱的声音。有一阵子，我们就这样坐着。之后，我问道："发生什么事了？"

杰西转身面对我，举起双手遮住眼睛。我感觉他似乎刚刚哭过。"我们刚刚分手了。"

这正是我害怕听到的事。她新交的男友有车有漂亮公寓，或是一位股票经纪人，或是一位年轻的律师。显然有更符合丽贝卡期望的人出现了。

"她说了什么?"我问。

"她说没有我她会死掉。"

一瞬间,我以为我听错了。"她说了什么?"

他重复了一遍。

"你甩了她?"

他点点头。

"为什么?"

"我想是因为她太爱谈论我们之间的关系了。"

我久久地看着他,他苍白的脸色、朦胧的双眼。半晌,我说:"很抱歉问这些,但我必须要问。你今天是喝多了吗?"

"有点,不过那和这件事无关。"

"天啊。"

"真的,老爸,和这事无关。"

我变得小心翼翼。"杰西,这么多年的经验让我学到一件事情,就是别在酒精的影响下做任何决定。"他张开嘴,似乎要反驳,但我又说,"哪怕不是直接的影响,像宿醉,也一样。"

他茫然地望向远处。

"你能想办法挽回吗?"我说。

"我不想那样做。"他看着那些建筑工人,似乎他们的形象更坚定了他的想法。

我说:"好吧,让我说完,然后你可以做任何你想做的事,好吗？"

"好吧。"

"当你离开一个女人的时候，你可能当时认为没有什么大不了。可是等到这些真的发生时，麻烦就来了。"

"比如说别的男人？"

"我不想把这件事情说得太难听，但是你和女人摊牌前，必须考虑到某些因素。而最重要的一个，就是将来她们会和别人在一起，这一点，相信我，可能会是一个令人讨厌的经历。"

"令人讨厌是什么意思？"

"让人不愉快。或者可以说，是令人恐惧。"

"我知道丽贝卡会交新男友的，如果你是这个意思的话。"

"真的吗？你真的清楚地想过这件事情吗？"

"是的。"

"我给你讲个故事吧，可以吗？"

"好啊。"他看起来心不在焉。天啊，我想，这还只是开始。"我大学时有个朋友，"我开始讲故事，"实际上，你认识他。他住在西岸，阿瑟·科伦内。"

"我喜欢阿瑟。"

"好吧，很多人喜欢他。这正是问题之一。我以前有个女友——这是很久以前的事了。我当时可能比现在的你大几岁。她的名字叫莎莉·布克曼。有一天，我对阿瑟说——因为他是我最好的朋友——我想和莎莉分手。他说：'哦，真的吗？'他喜欢她。他觉得她很性感。她也确实很性感。

"我说:'好吧,如果你想在我和莎莉分手后和她交往,我没问题的。'我也相信会是这样。我和她之间已经完了。结果一两个星期后,也许是一个月后,我和莎莉·布克曼分了手,自己到朋友在湖区的度假别墅过了个周末。你还在听我说吗?"

"在。"

我继续说下去。"那个时候,阿瑟和我都是一支小乐队的成员。我打鼓,他做主唱,还吹口琴。我们自以为是摇滚明星,身材瘦削,魅力无人可挡。

"星期天晚上,我从度假别墅回到城里,我在那个别墅的周末里,都在煮大麻根,将它们倒挂起来风干,从来没有想念过莎莉。事实上,她不在我身边了,我反而如释重负。

"我直接去乐队排练。阿瑟也在。讨人喜欢的阿瑟·科伦内,吹着口琴,和贝斯手在打闹,一副很开心的样子,这正是阿瑟的本色。在排练的过程中,我一直看着他,一直想问他:'我不在的这周末,你是不是和莎莉约会了?'不过我始终没找到机会问。然后,我越来越焦急,事情似乎从好奇变成了恐惧。

"排练结束后,其他人都开车离去,只剩我和阿瑟坐在车里。我扭头面向他,故作轻松地问:'那么,这周你和莎莉约会了吗?'他兴高采烈地回答说:'是的,我约了她。'好像这是个很有趣的问题,他也做了有趣的回答。于是我接着问——此时我说的每个字都不受我控制:'那么你和她之间发生了什么事

吧？'他一脸严肃地说：'是的，发生了。'

"我要告诉你，杰西。这就像人们以十倍的速度看电影。世界就这么高速运转着，而我连一点点声音都发不出来。他说：'来，抽支烟。'这让我的心情更差。我开始胡言乱语，说得飞快，说什么对我来说'一切'都没问题，但是，人生真的很奇妙不是吗？事情变化得非常快不是吗？

"随后我叫他载我到莎莉那儿。他在布伦史威克街将我放下来。我仍然记得那个门牌号码。我跑上楼梯，如同上面着了火，我砰砰砰地敲门。莎莉穿着晨褛来到门边，狡猾地装出羞怯的样子，好像在说：'哦，我送给你的包裹里有炸弹吗？'

"结果我泪流满面，告诉她我有多爱她，说'我现在明白了'之类的话。我滔滔不绝地说，觉得自己每个字都是认真的。你能想象这幅景象，对吧？

"然后我和她重归于好了。我让她扔掉床单，并告诉我发生的所有事情。有没有做这个，有没有做那个……令人作呕的问题，同样令人作呕的回答。"说到这里，杰西大笑起来。"然后我用了大约一个月的时间，才想起她是个多无聊的家伙，然后我再次离开了她。这一次是真的分手了。不过我在做这些时，先确认阿瑟出城去了。我觉得她还会再耍一套旧把戏，我可不希望阿瑟配合她。"

"她又做了吗？"

"是的。她找上了我那位头脑不正常的兄弟，缠上了他。

她不是个什么好人，我跟你说，但这不是关键。关键在于，有时候你就是不知道自己会有什么感觉，而等你弄清楚的时候已经太迟了。和丽贝卡分手不是一件轻率的事情。"

艾利诺出现在她的门廊上，将一个酒瓶扔进可回收垃圾箱，皱起眉头看了看街尾，如同看见了自己不喜欢的东西，乌云或者是破坏公物的人之类的。随后她看到了几步开外的我们。

"哦，"她跳了起来，"你们好啊，两位。看来你们在谈'公事'。"她露齿而笑。

杰西一直等到她离开才说话。"我觉得我的朋友不会和丽贝卡走到一起。"

我说："杰西，重点是她一定会和某人走到一起，相信我，而且她一定会让你知道。你有没有想过这个问题？"

他以一种大人般的、比平常低的语调说："我相信自己的心情一两周内可能会差点，之后就没事了。"

我坚持说："好吧，那么，这是我最后要说的事，说完我就会闭嘴。如果你想的话，你是可以挽回这件事的。这个时候你可以打电话叫她回来，你不必让自己过得不舒服。"我试着让他理解。"除非你真的不再想和她在一起了。"

他沉默了一下回答我："我不想再和她在一起了。"

"真的吗？"

他神情犹豫地看着对面的教堂，看着来回走动的人影。我猜他是在考虑这件事情。随后他说："你认为我哭一场的话会不会显得没有男子气概？"

"什么？"

"我们分手的时候，我哭了，她也哭了。"

"我能想象得出来。"

"不过你不会觉得我像个孩子什么的吧？"

我说："我想，如果你没有哭的话，那才是真的有问题，像冷血动物。"

一辆汽车驶过。

"你有没有在女孩面前哭过？"他问。

"问题应该是，是否存在我没在她面前哭过的女孩。"我说。当我听到他大笑时，当我看到——就算只有一刻——不愉快已经离他而去时，就像风将漂亮桌子上的灰尘吹走了，我感觉轻快起来，似乎所有恶心的感觉已经从我的身体中消失。我想，要是我能让他一直这样该有多好啊。但我还是可以想象他凌晨三点醒来，心里想着她，像一辆车盲目地冲向一堵水泥墙。

但目前还不会。因为这个时候我们正在门廊上聊天，他的精神临时从它将要归去的棺材中跳了出来。不过这件事就像鬼魂一样，日落之后就会现身。我清楚这一点。我打算再给他放一次《巴黎最后的探戈》，但这不像是一个好主意。电影中的黄油场景可能会引起杰西不愉快的联想。那么放什么呢？《窈窕淑男》，太过浪漫；《万尼亚在四十二街口》，太俄罗斯了；《乱》，又好得不能冒他不专心看的风险。最后，我找到一部想让人抓支猎枪朝自己的汽车门上开几枪的电影。一部操蛋的电影。

我将迈克尔·曼①的《小偷》放进了DVD机，好像它是个九毫米子弹的弹夹。片头字幕滚动，画面是有史以来最好的字幕背景之一——两个家伙在破解保险箱。音乐是橘梦乐队所作的，行云流水般流畅。灰泥绿，电光粉，霓虹蓝。我说，留意拍摄机械的方式，焊枪和钻机的灯光，还有摄影都带着对机械的热爱。摄影机聚焦在它们之上，就像工匠注视着自己的工具。

当然还有主角詹姆斯·凯恩②，演得最好的一次。留意其中的一场戏，他走进一个放高利贷者的办公室去收钱，那人装作不知道他在说什么。留意凯恩开口前的停顿，就好像愤怒得需要呼吸一下才能将整句话讲出来。"我是这个世界上你最不该唬弄的人。"他说。

"准备好，"我说，"好戏要来了。"

第二天下午，丽贝卡回来了。她精心打扮了一番，黑绸的衬衫、小小的金色纽扣、黑色牛仔裤。她这是在"把甜点收起来"之前让他再看最后一眼。他们坐在门廊上聊了一会儿。我在屋子后面的厨房里把锅子弄得砰砰响，将收音机开到最大声，

---

① 迈克尔·曼（Michael Mann, 1943— ），美国导演。
② 詹姆斯·凯恩（James Caan, 1940— ），美国演员。

甚至哼起了曲子。

他们的谈话并没有进行多久。当我偷偷溜进客厅（"只是为了除尘"）偷看时，我看到一个奇特的画面。杰西以一种很不舒服的姿势坐在柳条椅上，如同在等待公车上的最后一个座位，而在他下面，在人行道上，活泼的丽贝卡（她现在的这身打扮现在使她看上去像只黑寡妇蜘蛛）在和一群十几岁的少年交谈，他们全都是来看望杰西的朋友。她神情优雅，欢快轻松，不像刚刚失恋的人。我早就知道她很危险，杰西也感觉到，而且厌倦了。我发现杰西是一个比我聪明得多的家伙。我永远无法从一位美丽的女孩身边抽身而去，我像沉迷可卡因一样陶醉于拥有比别人更漂亮的女友。这样很下流，很可怕，也很可怜，我明白。我当然明白。

很快，门廊上只剩下这些少年。丽贝卡走了。我把杰西叫进屋里，把门关上。我平静地说："跟他们说话要小心点，好吧？"

他脸色苍白地看着我。我能闻到他身上因激动而流出的汗水。"你知道她对我说什么吗？她说你将永远不会再见到我了。"

我挥了挥手，不予理会，只说："很好。不过你要答应我，你不会乱说话。"

"好吧，好吧。"他马上说，然而从他说话的方式，我就知道他已经说得太多了。

第八章

我们做过一次恐怖片专题,现在回想起来,这可能不是个明智的选择——杰西也许比他自己宣称的要更脆弱一些——虽然我的本意只是想让他看一些不同于之前看的,时不时就引人深思、发人深省的电影。我以《罗丝玛丽的婴儿》开始,这是一部哥特式梦魇电影,讲述由米亚·法罗[①]饰演的居住在纽约的女主角,怀了魔鬼的孩子的故事。我对杰西说:"留意一下老妇人露丝·高登[②]打电话的著名镜头。她和谁在打电话?不过最重要的是留意这个镜头本身的构图:她被门半遮住。为什么我们

[①] 米亚·法罗(Mia Farrow,1945—),美国女演员。
[②] 露丝·高登(Ruth Gordon,1896—1985),美国女演员。

看不到她的全身？是导演罗曼·波兰斯基[1]犯了一个错，还是他想制造某种效果？"

我跟杰西讲了一些波兰斯基的悲惨经历。当他还是小孩子的时候，母亲就死于奥斯维辛集中营；他娶了女明星莎朗·塔特，她却在怀孕期间被查尔斯·曼森[2]的追随者杀害；我还讲了他最终因强奸一个十三岁女孩而被定罪后逃离美国，远走他乡。

杰西说："你认为一个与十三岁孩子发生性关系的人应该坐牢吗？"

"是的。"

"你不认为这取决于那个十三岁的人吗？我认识一些这个年龄的女孩，她们比我有更多的性经验。"

"与这个无关。这种事情违反了法律，理应受到惩罚。"

我们决定转换话题，我提出一件奇怪的事情，那就是在拍摄《罗丝玛丽的婴儿》——这是一部好莱坞的大制作，有米亚·法罗和约翰·卡萨维茨[3]这样真正的明星参与——的第一天，波兰斯基将车开到派拉蒙公司门前，明明是意气风发的时刻，他却奇怪地感到沮丧。我给杰西读波兰斯基自传里的一段文字："有六十位技术人员可供我调遣和使唤，庞大的预算供我支配——至少照我前一部电影的标准而言。可是我想到的却是多年前我

---

[1] 罗曼·波兰斯基（Roman Polanski, 1933— ），犹太裔美国导演。
[2] 查尔斯·曼森（Charles Manson, 1934— ），美国犯罪团伙"曼森家族"的领导人。
[3] 约翰·卡萨维茨（John Cassavetes, 1929—1989），美国演员。

的第一部电影开拍前夕,那个在波兰克拉科夫的不眠之夜。再也没有比那次更心情激荡的时刻了。"

"对这个故事你有什么看法?"我问。

"事情并不能如你所愿。"

"还有什么呢?"我再刺激一下他。

"人在当下可能比想象中要快乐些。"

我说:"我以前觉得我的人生会在大学毕业之后开始。随后我又觉得,只有当出版了第一本长篇小说、成名了,或是别的类似傻事后才开始。"我告诉他,我的哥哥有次曾对我说过一句惊人的话,说他觉得自己的人生五十岁才开始。"你怎么样?"我问杰西,"你认为你的人生何时才算开始?"

"我的人生?"杰西说。

"是的,你的人生。"

"我根本不相信这种说法,"他一边说,一遍兴奋地抬起了他的脚,"你知道我在想什么吗?我认为人生始于出生时。"

他站在客厅的中间,整个人不住摆动。"你认为是这样吗?你认为我说得对吗?"

"我觉得你是一个很聪明的人。"

随后,由于难以抑制的兴奋,他将双手一拍,啪!

"你知道我想的又是什么,"我说,"我认为你该上大学。这就是他们在大学所做的事。他们坐在那儿,讲的就是这些事情。唯一不同的是,在这里,你只能和我讨论,大学里却有好多的女生。"

他晃动着脑袋。"真的吗?"

这就像第一天——感觉已经是多年前——放《四百击》时的情形一样,我知道我该就此打住了。

接下来我给他放了《继父》,这是一部副线情节非常愚蠢的小成本电影,但让人惊叫连连。我让他注意一个场景:刚杀了家人的房地产经纪人正带一位买家看房。当他渐渐发现和他谈话的人是警察而不是客户时,他的脸色慢慢地起了变化。随后我放了《德州电锯杀人狂》,电影的制作非常粗陋,但会让人从潜意识里产生一种恐惧。随后我放了大卫·科南伯格非常早期的作品《毛骨悚然》,一部讲述寄生虫腐坏了多伦多一座枯燥乏味的大厦的科学实验电影。性爱狂在走廊上显得非常猥亵。《毛骨悚然》是多年后的《异形》中让人反胃的异形的原型。我提醒杰西留意最后一个令人不安的镜头,一辆辆幼虫似的小汽车缓缓地从公寓开出,使混乱扩大。这是一部成本非常低的电影,却意外地出色,展示了科南伯格独一无二的敏感:一个思想肮脏却又无比聪明的家伙。

我们接着看了希区柯克的《惊魂记》。绝佳观影经验的特点之一就是,你一定会记得你是在什么地方看的这部电影。1960年该片上映时,我是在多伦多的诺镇戏院看的。我当时十一岁，尽管讨厌恐怖片，而且知道父母听到我看恐怖片后会很紧张，我还是去看了，因为我最好的朋友准备去看，他是那种什么鬼都不怕的小孩。

很多时候你因恐惧而瘫倒，就像你将手指插入墙上的插座，电流流经你全身一般。这就是《惊魂记》中的几个场景带给我的感受。不是浴室里的那场主戏，因为它出现的时候，我已经把头埋在手臂里了，而是这之前的场景，透过浴帘你看到有什么进了浴室的时候。记得那个夏日午后从诺镇戏院走出来的时候，我一直在想阳光是不是有点不对劲。

我用很学院派的说法向杰西指出，从摄影和灯光来看，这部电影很像是一部廉价的"剥削电影"[①]。我还指出，《惊魂记》证明了杰作也有瑕疵。这时我并没有指出瑕疵在哪里。我想到的是那个可怕的、对白过多的结尾，但我希望他能自己看出来。

随后我们看了一部比较难看得到的电影——《鬼婆》。故事的背景是14世纪日本封建时期一处满是荒凉的芦苇和沼泽的幻想世界。这是一部黑白的恐怖电影，讲述一对婆媳通过杀死迷路的武士并出售他们的武器维生。但这部电影的真正主题是性欲，那种狂热的诱惑和暴力，能引发一连串的失常行为。我讲这些的时候，留意到杰西的注意力并不是十分集中。他在想着丽贝卡，想着她也许和谁谁谁在什么地方做些什么。

---

① 指专门炮制耸人听闻题材的B级电影。

"你在想些什么？"我问。

"想起了辛普森①，"他说，"我在想如果他能够再等六个月，也许就不会在乎他的妻子和谁在一起了。"

我提醒杰西为一个可怕的场景做好心理准备：老女人想要将脸上的恶魔面具撕下（它在雨中收缩了）。这老女人撕啊，扯啊，猛拉啊，血沿着她的喉咙滴下来，她的儿媳妇用一块锯齿状的石块猛砸面具，咔咔咔。我指出，这个面具为后来威廉·弗里德金②刻画《驱魔人》的恶魔形象提供了灵感。《驱魔人》是所有恐怖电影中最了不起的一部，是有史以来最恐怖的电影。它是我们清单中的下一部，也是这个单元的压轴之作。

第一次看《驱魔人》时，我才二十四岁，被吓得心胆俱裂，电影刚放了半个小时我就逃出了戏院。几天后我重回戏院尝试再看，这次成功看了一半，直到那个小女孩慢慢地三百六十度转动她的头，伴随着肌腱碎裂的声音，那一瞬间我感觉自己的血液似乎凝固了，于是我再次逃出了戏院。直到第三次看的时候，我用拇指塞住耳朵，透过手指的缝隙才坚持把它看完。我为什么要一再回戏院把它看完？因为我有一种感觉，这是一部"了不起"的电影——不是主题上了不起，因为我甚至不能确定它的导演是否在乎影片究竟有没有什么主题——而是因为它算

---

① 欧·杰·辛普森（Orenthal James Simpson, 1947— ），美国前橄榄球运动员，因被控杀妻而名噪一时。
② 威廉·弗里德金（William Friedkin, 1935— ），美国导演。

是某一类艺术成就,是一位极有天赋的导演在其艺术成就巅峰时期的作品。

我也提到在该片之前刚刚执导完《法国贩毒网》的弗里德金,从很多方面来看,他都是一位恃强凌弱、几近疯狂的人。剧组成员称他为"乖僻的威利",因为这位老学院出身的导演会对人大吼大叫,满嘴脏话,早上刚把工作人员开除,下午又把人家重新请回来。他在拍摄现场朝天开枪,吓唬演员,还播放很疯狂的音乐——南美树蛙的叫声或是《惊魂记》的配乐——音量大得惊人。这让剧组的每个人都神经紧张。

他独自将《驱魔人》的预算——据说是四百万美元——直线上升到一千两百万美元。在纽约拍摄的一天,他拍一个煎培根的特写镜头时,因为不喜欢培根卷曲的样子,便停止拍摄,让剧组成员跑遍纽约寻找未经防腐处理、能始终保持平坦的培根。弗里德金的工作进度慢到某位剧组成员生病了,三天后痊愈的他回到拍摄现场,发现他们还在拍那个培根的特写镜头。

制片人原想让马兰·白龙度扮演片中那个资深的驱魔人梅林神父,但弗里德金担心这样做会使电影变成"白兰度的电影"而不是他的作品(一些心胸狭窄的人就曾这么攻击过弗兰西斯·科波拉[①]的《教父》),所以他拒绝了。

还有一个流传多年的小故事,说他在其中的一场戏中用了

[①] 弗兰西斯·科波拉(Francis Coppola,1939—),美国导演。

一位非职业演员扮演神父（这人在现实中就是一位神父），因为一直拍不出他满意的画面，于是他问神父："你信任我吗？"神父说信任，于是威廉退后一步，打了他一个耳光。然后他们重拍了那场戏，弗里德金由此"得到"了他想要的效果。你可以看到当米恩神父在楼梯下做最后的仪式时，他的手一直抖个不停。

正如我早前对杰西说过的，才华的确会在一些奇怪、有时候根本不应该有的地方出现。我特别说明，弗里德金很可能是个精神病患者，但还是无法否认他在影像上的成就。每当摄影机顺着楼梯往上，到孩子的房间时，你就知道，比先前更新奇、更恐怖和更可怕的事情就要出现了。

看完《驱魔人》的那晚，杰西睡在沙发上，两盏灯一直开着。第二天早上，我们两人都对昨晚的恐怖体验有些尴尬，我们同意暂时中止这个单元。取而代之可以放"了不起的喜剧系列"、"坏女孩系列"、"伍迪·艾伦系列"以及"新浪潮系列"……什么都可以，就是不要再放恐怖片。那种感觉就像你在看《驱魔人》其中一场戏时会有的想法，当那个小女孩静静地坐在床上，很镇定地用一个男人的声音说着什么——你知道，这是种你永远不想再来一次的恐怖体验。

第九章

　　读完我此前所写的内容后,我意识到我有可能留给人一种印象:除了看电影和对儿子的人生指手画脚外,我的人生无所事事。这显然不是事实。现在,我获得了一些工作机会,例如写书评、帮别人修改纪录片剧本,甚至临时做了几天老师(当然,我有点惊慌,但至少它已经不像我所恐惧的那样——即上一次令我大受打击的经验——悲惨了)。

　　秋风起时,我卖掉了我那间在糖果厂的阁楼,和妻子在唐人街边上买了一栋维多利亚风格的房子。玛姬最终搬回了她的家。而这样快乐的日子,已经持续了一年多。然而,玛姬还是认为杰西需要"和男人住在一起"。我也这样认为。而且,我宽厚仁慈的妻子也这样想。在一次圣诞节的家庭派对上，已退休的高中校长——一位小巧可爱、声音像麻雀一样的女性长辈——对我说："别犯傻了。十几岁的男孩就和新生儿一样需要照顾，尤其是父亲的关注。"

于是，杰西跟着我和蒂娜，携三个装满了衣服和没有盒子的 CD 的厚垃圾袋，穿过镇子，来到新家。他搬到了三楼的蓝色卧室，从窗户可以看见外面的湖。这是这栋房子里最好的一间屋子，最安静，通风最好。我给他买了一幅约翰·沃特豪斯①的裸体女人在池塘游泳的复制画挂在墙上，在埃米纳姆（怎么看都是一个平平无奇的家伙）和《疤脸煞星》的电影海报（一个穿着尼龙服的混混，一把九毫米口径的手枪指着你的脸，他正叼着雪茄，上面写的是：向坏蛋问好）之间。

事实上，当我写下这些的时候，我就坐在离杰西的蓝色卧室不到几码的客厅里。他的房间现在空空的，只有一件他已经不要的旧衬衫仍然挂在门后。这些天来，他的房间显然整洁多了，床头柜上有一张《重庆森林》的 DVD 和《米德尔马契》（未读）、埃尔默·莱昂纳德的《光彩照人》（至少他没有把它卖掉）、托尔斯泰的《哥萨克》（我要他看的）以及安东尼·伯尔顿②的《胡乱吃一通》。最后一本书是他上次和女朋友过夜时留下的。我

---

① 约翰·沃特豪斯（John Waterhouse，1849—1917），英国新古典主义与拉斐尔前派画家。
② 安东尼·伯尔顿（Anthony Bourdain，1956— ），美国作家、厨师和主持人。

看着这些东西，心里一阵安慰，好像他仍住在这儿，至少在心理上是这样；事实上，他真的偶尔还会回来。

不过，在这里我可不想表现得多愁善感，有几个晚上，当我经过他的卧室去书房时，会向里面偷看几眼。月光洒在他床上，房间一片静谧，我简直难以相信他不在这儿。在这间房子里，我们还有很多事要做，比如再挂一张画，或在墙上再加个挂衣服的钉子……可惜他已经不住这里了。

唐人街的秋天，城北树林里的树叶已经转红了。骑车经过我们屋子的女人们也戴上了手套。杰西找到一份兼职，电话推销之类的，主要是为一本"消防员杂志"筹集资金。

一天傍晚，我来到他们的"办公室"，这是一个有六七个隔间的肮脏地方，里面坐着一个贫民区的白人小孩、一个巴基斯坦人，以及一个面前放着桶装可乐的大肥婆，所有人都在打着电话。上帝！我想，是不是我一手把他送进这样的公司的。这就是他的未来。

而他就坐在那儿，后排右边，电话听筒贴着他的耳朵，为了在晚饭时间集中火力骗那些年纪大、关在家里不出门以及容易上当的人而嗓音沙哑。看得出来，他是个电话推销的好手，他能让人接了电话就一直听他讲，迷惑他们，令他们大笑，然后哄骗他们，直到他们乖乖将钱掏出来。

两个老板也在那儿,一个是穿着黄色风衣的矮子,另一个是他逢迎拍马的伙伴——一个名叫达利的英俊无赖。我做了自我介绍。然后他们说,杰西是他们的顶级伙计,是这层"楼"里的第一名。在我身后,我听到了一阵几乎难以明白的英语,一个口音重得像在演情景喜剧的东欧人的声音;另一个隔间则传来孟加拉口音;随后我听到一个女人鼻音很重的声音,不时地被某人用吸管吸冰块的声音打断,就像是有人用铲子铲水泥地。

杰西高兴地走了过来,不时左顾右盼。他说:"让我们到外面聊聊。"这意味着他不想我和他的老板聊太久,怕我问起"消防员杂志"的问题。比如如果有这本杂志,我是否可以拿一本看看?(当然没有。)

当天晚上,我带他到天堂餐馆吃晚饭。如果说我会对什么上瘾,那绝不是酒、可卡因或色情杂志;而是就算破产了,也要去餐馆吃饭。

"你有没有看到过那本杂志?"我问。他嚼了一会儿牛肩牛排,嘴张着。我承认,也许问题出在那个下午我的午睡质量很差劲,但在我告诫了他四千次以后,他仍然张着嘴吃东西,不由让我感到一种烦躁的绝望。

"杰西,"我说,"行行好……"

"怎么啦?"他说。

我用嘴唇粗鲁地向他示意。

要是平时的他，通常会大笑，即便事情并不是那么有趣，说声对不起，然后赶紧转移话题，但今晚他却有点犹豫。我发现他的脸色有点苍白，低头看着盘子，似乎在做一个决定，一个艰难的决定，以克服生理上的某种知觉。他简单地说了一句："好吧。"但你可以感觉到他仍心不在焉，就好像我打开了壁炉的门，但它随即又被关上了。

"如果你不想我纠正你的餐桌礼仪……"我说。

"没有。"他摆摆手说道，看都不看我一眼。我想，噢，天哪，我不应该嘲弄他。我摆出这张臭脸，冒犯了他的尊严。有好一阵子，我们父子俩坐在那儿都不说话，他嚼着食物，低头盯着他的盘子，我带着一种近乎崩溃的心态看着他。"杰西。"我温柔地说。

"什么？"他抬起头，但不是那种儿子望向父亲的目光，而更像是《情枭的黎明》中阿尔·帕西诺看着一个混蛋的神情。我们之间的关系又往前进了一步，他对于"敬畏我"这件事情已经感到厌倦，而且也想让我知道这一点。事实上，我们之间的平衡被戏剧性地转化了，我开始比较担心他会不开心。

我说："你要不要到外面抽根烟，冷静下来？"

"我很好。"

我说："对我刚才的粗鲁，我要说声对不起。"

"没事。"

"我希望你能原谅我，好吗？"

他没有回答。他在想别的事情。

"好吗?"我轻轻地重复了一遍。

"好吧,就这样,好了。"

"什么?"我问,声音显得更为轻柔。他用手摆弄着餐巾,在餐桌的一点上方将餐巾拂过来拂过去。他是不是想起了詹姆斯·狄恩捻绳索的那个场景,以此拒绝对他的所有要求?

"有时候我觉得,我太容易被你影响了。"他说。

"你这样说的意思是?"

"我认为其他小孩都不会……"他在选择合适的字眼,"在与老爸的争执中觉得无力。有些甚至会直接向老爸说:滚蛋。"

"我绝对不希望我们的关系变成这样。"我说,感觉有点喘不上气来。

"是的,我也不希望。但我是否应当少受你一些影响呢?"

"你这样想吗?"

"这就是我为什么不制造麻烦的原因。我怕你会对我发火。"

我请他吃我付不起的晚饭,可不是为了听这些。

"怕什么?我从来没打过你。我从来没有……"我一时语塞。

"我就像个小孩子,"他的眼里满是挫折感,"我在你身边时,不应该如此紧张兮兮。"

我放下刀叉,感觉脸上一时失去了血色。"你不知道,我也比你想象中更容易受你影响。"

"有吗?"

"有。"

"比如什么时候?"

"比如现在。"

"你不认为你对我的影响太大了?"他说。

我一时窒息。我说:"我猜,你希望得到我的赞美。"

"你不认为我只是一个害怕你不开心的小男孩吗?"

"杰西,你身高快两米。如果你愿意,无论何时你都可以他妈的——原谅我说脏话——将我打个半死啊。"

"你真的是这么想的?"

"我知道是这样的。"

他整个人松弛了下来。他说:"现在我想抽根烟。"随即走了出去。我看到他在落地双扇玻璃门的一边走来走去,过了一会儿,他往回走,对侍者说了些什么,逗得对方大笑,随后他走进房间,一位黑发的女大学生一直仔细地打量着他。我看出他很开心,又开始左顾右盼,蹦蹦跳跳地坐回餐桌前,拿起餐巾抹了抹嘴。我想,现在我已经给了他需要的,但很快他将会要得更多。

我说:"我们能聊聊消防员杂志的事了吗?"

"好吧,"他给自己倒了一杯葡萄酒(通常是我倒酒的),"我喜欢这家餐馆,"他说,"如果我是富翁,我想我会每晚来这里吃饭。"

很明显,我们之间的关系发生了变化。我知道在不久的将来,我们将有一场交火,而我将是失败者,正如历史上的其他无数父亲一样。所以,我特意挑了下一部电影。

你是否记得那些话:"我知道你在想什么——他到底开了六枪还是五枪?好吧,说实话,在这样激动的情绪下,我自己都忘了数数了。可这是把点四四口径的麦格农,全世界最具威力的手枪,能一枪把你脑袋轰掉。我想该是你问问自己运气好不好的时候了,怎么样?你运气好吗,笨蛋?"

当克林特·伊斯特伍德蒙主召唤的时候,这段话一定会出现在全世界的夜间新闻中,"肮脏的哈利"会拿着枪指着倒霉的银行抢劫犯,并将他痛揍一顿。就算不凭这段话,这部电影也能将克林特·伊斯特伍德推上美国一线男演员的前列,与约翰·韦恩[①]和马兰·白龙度平起平坐。一年之后的1973年,一位编剧致电克林特·伊斯特伍德,说他在报上看到有关巴西"行刑队"的事,说这些恶警未经法庭审讯就将犯人杀掉,因此心生一计,想让"肮脏的哈里"发现洛杉矶警局里也有"行刑队"存在。他们最后把这部影片称为《紧急搜捕令》。

电影开拍,一年后的暑假公映,甚至超过了之前的《肮脏的哈里》;事实上,它在头几周为华纳兄弟赚进的钱远胜于公司以前的任何影片。

---

① 约翰·韦恩(John Wayne,1907—1979),美国演员。

《紧急搜捕令》显然是"肮脏的哈里"系列中最好的一部，也使观众无可救药地迷上了这支"百码开外可以爆掉汽车引擎"的枪。

"不过，"我告诉杰西，"这并不是我给你放这部电影的原因。"

"不是？"他说。

我将刚开场的一个场景定住，叫他看右半边屏幕。这个场景讲述侦探"肮脏的哈里"突然出现在旧金山阳光灿烂的大街上，走向一辆车。遭到谋杀的受害人陈尸其中，头部受到重创。在伊斯特伍德后面的人行道上，有一个长头发、胡子拉碴的男人。

我说："你能认出他吗？"

"认不出。"

"那是我的哥哥。"我说。

他真是我已经不再来往的兄弟，电影拍摄的时候，他正好路过旧金山。当时他兴冲冲地开车到西岸，一共花了四天，为了加入一个宗教组织，我忘记了这个组织的名字。但当他敲开那个组织的大门时，对方拒绝他加入。于是他买了一张票进了"格里芬秀"[①]的录制现场，随后，他又像来时一样匆匆回到了多伦多。但就在到达西岸的第一天，他逛进了拍片现场。

"那是你的伯父。"我说。

---

① 美国电视脱口秀节目。

我们都仔细地看着屏幕。在蓬乱的头发和杂乱的胡子背后,是一位英俊的年轻人,二十五岁,长得像克里斯·克里斯托弗森①。

"我以前见过他吗?"杰西问。

"见过一次,那时你还很小,他来我们家要个什么东西。我记得我将你推进了屋里。"

"为什么?"

我再看了一眼屏幕。"因为,"我说,"我这个哥哥擅长挑拨离间。你当时才十四岁,我怕他在你面前讲我的坏话,所以让他远离你。"

我们随后继续看电影。定格的影像又动了起来,电影继续进行,我的哥哥消失在屏幕上。

"但这不是唯一的原因,"我说,"真正的原因是我比他还弱小的时候,怕他怕得要死。人们总会痛恨那些让自己害怕的人,你明白我的意思吗?"

"当然明白。"

"我不想让这种事情发生在我们身上,"我说,"好吗?"

正是这个"好吗",带给了他一百个道歉或解释都带不来的东西。

---

① 克里斯·克里斯托弗森(Kris Kristofferson,1936—),美国歌手。

所谓的消防员杂志完全是子虚乌有，它是一场骗局。几周后，当杰西去"上班"时，发现那个地方已经被锁了起来，达利和矮子逃之夭夭。他们骗了他几百美元，但他似乎不太在意。工作目的已经达到了，他迈出了不再依赖父母的第一步。我想，他本能地知道经济上的依赖会强化情感上的依赖。

工作机会有的是，不乏更糟的。不久之后，他就找到了这样一份。同样是电话销售，这一次是把信用卡卖给美国南部各州的贫困家庭，佐治亚州、田纳西州、阿拉巴马州、密西西比州，等等。他没邀请我去见他的老板。好几个晚上，他带着因为不停说话和抽烟而沙哑的声音回家，我会问他："给我解释一下，万事达卡为何委托一群戴棒球帽的毛头小子销售信用卡，我不明白。"

"我也搞不懂，老爸，"他说，"但就是如此运作的。"

与此同时，好像看不到丽贝卡的蛛丝马迹——在夜总会看不到她，在街上碰不到她，她没再打电话来，总之，到处都不见她的踪影。似乎她安装了一个雷达，只要杰西在附近就会发出警告，她随即就消失无踪。当她对他说"你将永远不会再见到我"时，她说的话原来是真的。

一天夜里，我莫名其妙地醒来。妻子睡在我身旁，从她脸上的神情来看，她脑子里似乎在解一个数学问题。我很清醒，同时忧心忡忡，于是望向窗外。月亮周围罩上了一圈雾气。我穿上晨褛下了楼梯，看见一个打开的 DVD 盒子放在大沙发上。

杰西肯定是在我们上床后才回来，然后看了一部电影。我走向DVD机，想看看他看的是什么电影，但当我走近时，突然有一种不祥预感，似乎我跨越了界线，走进了一个危险区域，在那儿发现了一些我不喜欢的东西。万一他看的是令人恶心的色情电影，那会使我在教育方面的自信瞬间粉碎。

但很奇怪和让人困惑的是，出于一种要监管他的焦急念头，我不知道为什么，忍不住打开了DVD托盘。并不是我担心的东西，是那部香港小制作电影——《重庆森林》，几个月前我曾给他放过。影片中有个纤瘦的亚洲女孩在陌生人的公寓里跳舞。那首歌叫什么来着？哦，对了，妈妈爸爸乐队的《加州梦》，听起来有一种60年代不曾有过的清新和宏大。

我感觉到似乎有什么东西拉扯着我的衣袖，就好像有什么触动了我，好像我正在看什么东西，却认不出那究竟是什么，就像是斯坦利·多南[①]的《谜中谜》中那无价的邮票。它究竟是什么？

在房间的某个角落，我可以听到某种微弱的咔嗒声。我上了楼梯，声音大了点；随后我上了三楼，正准备敲他的门——你不能在深夜不敲门就突然闯进年轻人的卧室——却透过门缝看到了他。

"杰西？"我低声叫道。

---

① 斯坦利·多南（Stanley Donen，1924— ），美国导演。

没有回答。房间里一片绿光，杰西坐在电脑前，背对着我，戴着的耳机里传出细微的声音。他在和某人聊着什么。一个私人时刻，咔嗒，咔嗒，咔嗒，但这声音是如此的孤寂——凌晨四点，和远在千里之外的人交流。他们在谈什么？说唱乐、性，还是自杀？我脑海中又浮现他站在一口四壁光滑的井底，四周是灰泥和砖块，没办法爬上来（太滑），没办法冲破（太硬），只能永远地等待有人出现在头顶，露出一张脸，然后抛下一条绳子，才能被解救。

而我突然明白为何这部电影吸引了他的注意，为何是"这一部"电影——《重庆森林》。因为里面的美丽女孩使他想起了丽贝卡，而看这部电影就有点等同于在她身边。

我下楼，睡觉，做了可怕的梦。一个男孩在一口潮湿的井里，苦苦等待有人来解救他。

第二天下午，我叫了三次他才起床。我上楼，轻轻地摇了摇他的肩膀。他睡得太沉，花了二十分钟才下楼。在午后的阳光中，树叶翩然飘下。那些明亮的金色和绿色，则营造出海洋般的风景，让我们仿佛置身水底一般。一双跑鞋被恶作剧地挂在高处的电线上，而下方街上的鞋子则更多。一个穿着红色T恤的男孩骑车经过，自行车飞快地碾过大堆树叶。在这样的街景当中，杰西却显得无精打采。

我本来想说"我认为你应该开始健身"，但忍住没说。

他取出一根烟。

"拜托,早餐前别抽烟。"

他俯身向前坐着,轻轻地前后晃动着他的脑袋。"你觉得我该给丽贝卡打电话吗?"他说。

"你还忘不掉她?"(愚蠢的问题。)

"每一天每一秒都在想她。我想我犯了一个大错。"

沉默半晌,我说:"我认为丽贝卡是个大麻烦,幸亏你及早脱身了。"

我看出他想要一根烟,而且没抽到那根烟的话,他的精神根本难以集中。我说:"想抽就抽吧。但你要知道这会让我不舒服。"

烟填进他的肺,他显得平静了许多,虽然他的面色似乎变得更灰暗了。他说:"我会一直这样子吗?"

"什么?"

"想念丽贝卡。"

我想起了保拉·摩尔斯,我自己的陈年伤心事。两星期内我因为她瘦了二十磅。"在你找到喜欢程度不亚于她的女人之前应该都会这样。"我说。

"随便交个女朋友也不行吗?"

"是的。"

"如果对方是个好女孩呢?像妈妈说的那样。"

这个说法——我指的是一位"好"女孩会使杰西忘掉他对丽贝卡的性渴望——充分显示了玛姬既让人心疼又让人苦恼的

双重性格。这是一个在萨斯彻温省一个小小的农业社区高中教书的女人,在二十五岁的时候决心要成为一名演员,然后辞掉了工作,泪汪汪地挥别父母,乘火车到了多伦多——离家两千多英里——来实现她的梦想。

我遇见她的时候,她染了一头绿发,出现在一个朋友的音乐剧里。但不知怎的,当她和我们的儿子聊起他的人生,特别是他的"未来"时,她就忘掉了这一切,成了一个滔滔不绝、令人喘不过气、头脑简单的顾问,说一些"今年夏天你应当进数学夏令营"之类的话。她的忧虑,她对他的幸福的关心,麻痹了她原本充满直觉而丰富的智慧。

她对杰西做的最好的事,就是以身作则,让他感受到一种慈爱,这种不怀疑他人的态度是他的父亲——不时由于草率而做不到措辞婉转——做不到的。

一言以蔽之,她让他的心变得温和。

"你妈妈是出于好意,"我说,"但她是错的。"

"你认为我沉迷于丽贝卡?"他说。

"不能拘泥于字面去理解。"

"如果我再也找不到让我沉迷的人怎么办?"

我再度想起了保拉·摩尔斯和她那让人憔悴的离去。她肤色浅褐,有一口参差不齐的牙齿,这个瑕疵却赋予女人一种古怪的性感魅力。天知道我是如何想念她、渴望她。由于无法忍受这种怪诞的想象之苦,那时候我会莫名其妙地在半夜起来换

T恤。

我说:"你记得保拉吗?她离开的时候你才十岁。"

"她经常读书给我听。"

"我想在我的余生中,将会不断地记起她,不管我和谁在一起都一样,总会有一种这女人不错,可惜她不是保拉的感觉。"

"然后呢?"

我小心翼翼地选择措辞,以免作茧自缚。"这不是第一个还是第二、第三个女人的问题,而是任何一个,只要两个人之间对了,一切就会有结果,我也没再想起过保拉。"

"有时候你还真是将事情搞得一团糟啊。"

"你记得那些事?"

"是的。"

"你记得什么?"

"我记得你晚饭后在沙发上就睡着了。"

"那时候我吃安眠药。这是一个大错误。"我顿了顿,"有几次你不得不自己上床睡觉,不是吗?"

我想起了那个可怕的春天,阳光亮得晃眼,我像行尸走肉一样走在公园里,杰西担惊受怕地看着我。有一次,他拉着我的手,对我说:"你开始感觉好些了,对吧,老爸?"这个十岁的小男孩在照料他的父亲。天啊!

"我就像《巴黎最后的探戈》里的那个家伙,"杰西说,"他想知道他的妻子会不会穿着晨褛在楼下和别人做爱,就像她和他那样。"我能感觉到他犹豫不决地看着我,不确定该怎么说下去。"你认为是这样吗?"他问。

我清楚他在想什么。"我不认为想这些事情有什么意义。"我说。

但他需要听到更多安慰。他的目光在我脸上搜索着,如同在找一个小小的圆点。我记得无数个夜晚,我逼自己躺在床上,想象着最不堪的画面,保拉做这个,保拉做那个。我这样做是为了使我的神经末梢变迟钝,赶快到达终点线,好不再介意她的手指在做什么或她把什么放进她的嘴里,等等。

"把一个女人忘掉,有它自己的时间表,杰西。这就像手指甲的生长。你可以做任何事,吃安眠药、泡妞、健身、不去健身,喝酒或不喝酒,都没有什么。你无须马上走到另一个极端。"

他望向街对面。我们的中国邻居正在花园里忙活,互相呼唤着。"我应当静心等待,直到找到另一位女友再提分手的。"他说。

"她很可能先把你甩了。想想吧。"

他凝视眼前好一会儿,手肘搁在膝上,天知道他在想什么。"我给她打电话,你觉得怎么样?"

我张嘴就开始回答。我记得保拉离去那年 2 月一个灰蒙蒙的早上,我很早就醒了过来,雪花在窗外飘落,我心想,眼前是没有尽头的日子,我总有一天会发疯的。那是你人生中一种很脆弱的过程,要温柔地对待它。

"你知道她将会做什么,对吗?"我说。

"什么?"

"惩罚你。她会一直死缠住你不放,而当你感到轻松的时候,她又会结束这段关系。"

"你觉得会这样?"

"她不是傻子,杰西。她很清楚你想要的是什么。而她不会给你。"

"我只不过想听听她的声音而已。"

"我不信。"我说。不过我看着他不开心的脸色,知道这种断然决绝的说法会压垮他整个人。于是,我转而温和地说:"要是你们再重新开始的话,你会后悔。你已经快接近终点线了。"

"什么终点线?"

"忘掉她的终点线。"

"不,我忘不掉。我甚至还没有看到终点线。"

"你实际上比你想的要近多了。"

"你怎么知道?我对你没有不敬的意思,老爸,但是,你怎么知道?"

"因为这样的事我已经做了无数次了,所以我知道。"我清楚地说。

"我从来没想过要忘掉她。"他说,任凭自己陷入绝望。我觉得皮肤上有一种恼怒的针刺感,像汗水一样令我不舒服——

不是因为他质疑我，而是因为他不开心，而我无能为力。这使我对他很生气，如同大人想打一个跌倒在地或伤了自己的小孩一顿。他朝我看了一眼，多年前我就见过这种目光。那是一种忧虑的目光，好像在说："哎呀，糟糕！他生我的气了……"

我说："这就像戒烟的人一样。一个月过去了，他喝得酩酊大醉，心想，我他妈在干吗啊？于是重新抽烟，第二根烟抽到半途，他想起了戒烟的原因。但是他已经又抽了起来，停不了手。于是他会再抽上万根烟，直到回到那不得不戒烟的情况。"

杰西尴尬地放下他的手，轻轻地拍拍我的肩膀说："我也戒不了烟，老爸。"

第十章

　　几天以后,我和玛姬一起吃晚饭。傍晚时分我骑自行车到了她在希腊城的住处,但吃过晚饭、喝了几杯后,我可不愿冒险摇摇晃晃地骑车过桥进城。于是我推着自行车上了地铁。

　　回家的路并不长,大约只需十到十五分钟,但我经常感觉这段路令人难以忍受地缓慢,我很后悔自己为何不带本书读读。我看着窗户上自己的影子,看着身边的乘客来来去去,看着列车嗖嗖穿过隧道,一抬头,咦,我看到了保拉。她正坐在我对面,车厢里五六排座位开外的地方。我不知道她坐在那儿多久了,也不知道她何时上的车。我对着她的侧影凝视了一刻,那笔挺的鼻子和尖尖的下巴(我听说她矫正了牙齿)。她的头发现在长了一些,但容貌未变,还像那时候会对我说出可怕字眼的她:"我现在倾向于不再爱你了。"这是什么话!会有人这么说话吗?

前后有六个月,还是一年,我已经忘记了,我像牙痛般剧烈地感受到了她的离去。我们在深夜曾经是如此地亲密,她和我说着悄悄话,做着私密的事,而现在,我们在同一辆列车上相对无言。如果是年轻时的我,大概会觉得这件事情很悲哀,但现在看来,我不清楚,它看起来有点残酷地贴近人生。没有幻想,不再难过,不再下流或可笑,只不过一如平常,某些人在你的生命中来去,看似很神秘,到头来却一点也没有神秘可言(他们总得有个去处吧)。

而现在,我正想着(一个东印度女人在百老汇站下了车),我该怎么让杰西明白这一切,如何才能让他快速地度过下一个月,甚至一年,到达那个"快乐的终点",让他有天醒来,不再感到自己失去了她(就像那种牙痛的感觉),而是找回了自己,打呵欠,将两手放在脑后,并且想"今天我要配一把钥匙了,只有一把钥匙实在太危险"或是"我昨晚睡前到底关没关楼下的窗户"这种平凡而无来由的念头。曾经的热情已经冷却,痛苦的回忆已经如此遥远,遥远到让人难以理解为什么会拖了那么长时间,有什么值得大惊小怪。连隔壁邻居正在种一棵桦树这件事,都比是不是有人正在和她亲热值得关注。

如同锚上的链条突然断开,你不能确切地记得你身在何方,或者你在做什么,你突然再次注意到你的思想是你自己所拥有的了。你的床不再是空了一半的床,而只是你的床!你可以在上面看报纸、睡觉或是……天哪,今天我该做些什么呀?啊,配前门钥匙。对。

怎样才能让杰西走到这个终点呢?

我环顾地铁车厢,一位刚上车的年轻女子正拿着一包薯片吃着,突然发现保拉已经下车了。她已经在前一站下了车。我非常惊讶地意识到,刚才有一度自己竟然完全忽略了她。我们随着呼啸的列车穿过黑暗的隧道,两个人都——我很确定她也是这样——因专注于另一个早已习以为常的世界,进而对彼此的存在漠不关心。这一切不过是五分钟的事。多么——多么奇怪。我觉得应该用这个词,但就连这个念头也马上被其他事取代了。当我推着自行车沿着站台往家走的时候,列车离我而去,我注意到那个戴了牙套的女孩子,正张着嘴继续大口吃着薯片。

有一天,杰西在中午前起了床,这可是一件大事,为了庆祝,我为他放了《007之诺博士》,这是第一部007电影。我试图向他解释007系列电影在60年代中期首映时引发的轰动。它们似乎散发着非常温文尔雅的味道,其实又很不规矩。我解释说,在你很年轻的时候,电影会带给你一些特别的影响,给你一种想象的空间,是你年纪渐大之后难以重新捕捉的。你以后不会再如此"相信"什么了。

现在，每当我去看电影，总会被一些别的事情分心，比如：几排之外有个男人在和他妻子聊天，或是有人吃完爆米花后将包装袋扔到走道上。我还会去留意电影的剪辑、对白及一些不起眼的小配角。有时，当我看到有很多群众演员的场景时，我就会想，他们是不是真正的演员，他们是不是喜欢做临时演员，或者，他们会不会因为不在聚光灯中心而不开心。打个比方，在《007之诺博士》开场后不久，通讯中心里有一位年轻的姑娘，她只有一两句对白，此后就在银幕上销声匿迹了。我不禁会想这些群众场景或派对场景里的演员们后来怎么样了？他们的人生有没有发生什么变化？他们已经放弃表演，转行了吗？

所有这些事情都掺杂进了观影体验中。在过去的日子里，你就算在我的脑袋边开枪，也不会干扰我的注意力和我对展现在我面前的电影所投入的参与感。我重温老电影，不只是单纯地为了再看一次，而是想找回自己初看时的体验。不仅是对电影，对一切事情皆如此。

走到门廊的时候,杰西看起来摇摇晃晃的。又是一个 11 月，再过几天就是他的十八岁生日了。这怎么可能？现在，好像每隔四个月就是他的生日，时间似乎真的在催促我进入坟墓。

我问他昨晚过得如何。好，一切都好，没有什么特别，顺便去看了看朋友。嗯哼。哪位朋友?

他顿了一顿。"狄恩。"

"我认识这个狄恩吗?"

"一个伙伴而已。"

伙伴?每次听到不像他会说的话,我就很想报警。他能看出我在看着他。

"之后你做了些什么?"

"没什么。看了一会儿电视,有点乏味。"他的回答就像有人正试着躲开雷达侦测,或是担心像衣服被钉子钩住那样被人抓住话里的把柄。一个面容早衰的女人走过人行道。

"她应该去染个头发。"杰西说。

"今天你看上去有点不对劲,"我说,"昨晚你喝了什么?"

"啤酒而已。"

"不是烈酒?"

"喝了,一点点。"

"什么酒?"

"龙舌兰。"

我说:"龙舌兰会让人醉一夜。"

"确实是这样。"

又是一阵沉默。这是很奇怪的、静止的一天。天空白得像一块公告牌。

我说:"昨晚喝龙舌兰的时候是不是嗑药了?"

"没有。"他脱口而出,接着他说,"是的,嗑药了。"

"嗑了什么药,杰西?"

"我不想对你撒谎,行了吧?"

"好吧。"

他顿了一顿,然后鼓起勇气说:"可卡因。"

年老色衰的女人带着一小袋杂货回来了。

"我感觉很糟糕。"他说。一瞬间,我以为他会哭出来。

"可卡因会让你感觉很糟糕。"我温和地说,一面将我的手搭在他瘦弱的肩膀上。

他坐直了身体,如同被点了名。"是这样,确实是这样。我感觉很恶心。"

"在哪儿吸的,狄恩家吗?"

"他不叫狄恩。"他顿了一顿,"他叫周周。"

这是他妈的什么名字?"这位周周靠什么维生?"我问。

"他个是白人说唱歌手。"

"是这样吗?"

"是的,绝对是。"

"他是职业音乐人?"

"不清楚。"

"那么他是个药贩子?"

又是一阵停顿。就像是撤营已久的军队重新集结。"昨晚我去了他住的地方。他正好将可卡因拿出来。"

"然后你就跟着吸了？"

他点点头，麻木地往下看着街道。

"以前你去过周周家没有？"

"现在我真的不想谈这个。"他说。

"我才不管你现在是不是想谈这个话题。你以前去过周周家没有？"

"没有，真的。"

"那你以前吸过可卡因没有？"

"跟这次不同。"

"跟这次不同？"

"对。"

过了一会儿，我说："这个问题我们以前不是聊过吗？"

"聊可卡因？"

我说："你知道我说的是什么。"

"是的，我们谈过。"

"我说过一旦抓到你吸毒，协议就告吹。房租、零花钱，所有的一切，全没了。你记得吗？"

"是的。"

"你以为我在开玩笑吗？"

"不，但有一点，老爸，你没有抓到我，是我告诉你的。"

对他的回答，我一时措手不及。过了一会儿，我说："你是否跟人打过电话？"

他看起来有些惊慌失措。"你怎么知道？"

"这是人们吸毒时常干的事儿。他们会打电话，然后再后悔自己打了。你打给谁了？你打电话给丽贝卡了吗？"

"没有。"

"杰西？"

"我想打给她。她不在。"他整个人瘫倒在椅子上，"我到底还要难过多久？"

"你吸了多少？"

"整晚都在吸。因为他不停地将可卡因拿出来。"

我走进房间，从抽屉里拿出一粒安眠药，带着一杯水回到外面。我说："下不为例，知道吗？你再这样做，就准备受苦吧。"我给他安眠药，让他吞下。

"这是什么？"他说。

"那不重要。"我看着他将药吞下，然后设法吸引他的注意力。我说："现在，我们不再谈这个话题了，好吧？你知道我说的意思吗？"

"知道。"

我一直陪伴着他，直到他因药力发作而昏昏欲睡。但这同时也让他的话变得多起来。

"你还记得《在火山下》里的台词吗？"他问，"领事在那里絮絮叨叨他的宿醉，说听到门外来来去去的人轻蔑地重复着他的名字？"

我说我记得,当然记得。

他说:"今天早上这事发生在我身上了。恰好在我醒来的时候。你觉得我最后会和那家伙一样吗?"

"不。"

随后他上了楼。我一直看着他,直到他上床躺好。我说:"醒来的时候,你会感觉有些沮丧。"

"你生我气吗?"

"是的,我很生气。"

那个下午,我绕着房子转了又转。天黑后,他走下楼来。他饿了。我们叫了外卖,吃完饭后,他抹掉嘴角和手指上的油渍,躺在沙发上。"昨晚我说了一些非常混账的话。"他说,之后,他不停地说下去,仿佛他需要以此来折磨自己,"我在周周家时还自以为是摇滚明星。"他发出痛苦的呻吟,"你以前做过这种事吗?"

我没有回答他。我很清楚,他想诱我入圈套,将事情弄得复杂化。但我不会上他的当。

他说:"我离开周周家的时候,天才刚刚亮。房间里乱七八糟地放着比萨饼的盒子,真是间可怕的公寓,恕我直说,就是一个垃圾堆。我看着镜子里的自己。你知道我身上穿的什么吗?我的头上居然绑了条头巾。"

他沉思了一会儿。"别告诉我妈,好吗?"

"我没打算向你妈妈保密,杰西。你告诉我什么,我就对她和盘托出。"

他平静地接受了，轻轻地点着头。既不惊讶，也不反抗。我不知道他在想什么，或许想起了昨晚讲过的一些话、一些奇怪的姿态，以及不足为外人道的虚荣心。然而我想好好安抚他的心灵，让他摆脱在黎明时分，当身边的人都纷纷在晨光中醒来，他却刚要坐地铁回家，而且一路上想的都是那些满是比萨饼盒子、脏乱的公寓，以及对犯下错误的自己的失望。我很想把他由内向外翻转过来，并用温水一次冲洗干净。

但是他的内里是否充满阳光？我想知道。这个步伐轻快的大男孩，我了解他真正的内心吗？我以为我知道，但是有时候听着他在楼下打电话，我还是能从他的声音里听出一些我不知道的东西，一些刺耳的，有时候甚至是粗鲁的东西，让我情不自禁问自己，这是他吗？或者只是在装腔作势？还是当他面对我时，那张脸才是装出来的？那个在肮脏的公寓里吸可卡因、一副盛气凌人摇滚明星样子的孩子是谁？我会不会有一天也看到那个我不认识的儿子？

我说："我有样东西要给你看。"随后走向了 DVD 机。

他以一种虚弱的、不想惹麻烦的，担心面前的人会突然伸手刮他耳光的声音说："我认为现在不是看电影的时候，老爸。"

"我知道你不想看，所以我只是给你放一个片段。这个片段出自一部意大利电影。这部电影是我母亲的最爱。以前在我们家的避暑小屋里，她经常一遍遍地放这个电影的原声带。我从码头回家，听到音乐从我们家里飘出，就知道她肯定坐在装了纱窗的门廊上，一边啜饮着杜松子酒，一边听着这张唱片。每当听到这段音乐，我会不由得想起她。它总是让我感觉快乐，我不知道为什么。那是一个美妙的夏日。

"不管怎么样，我想给你放电影的最后一个片段。你很快就会明白为什么。电影里的那个男人由马塞罗·马斯楚安尼[①]扮演——整天花天酒地，夜复一夜无所事事，最后在朝阳升起的时候和一大帮派对客出现在海滩上。当你说周周的公寓里满地都是比萨饼盒子时，我想到了这场戏。

"他在海滩上，宿醉未醒，仍然穿着派对衣服，这时他听到一位年轻姑娘在叫他。他扭过头看她，然而他听不到她说什么。她是如此美丽、如此纯洁，就像大海和明亮早晨的化身，甚至很可能就是他自己的童年的化身。我希望你能看看这个片段，并记住它：这个家伙，这个天天出席派对的家伙，他的人生显然已经达到了顶峰，他正在走下坡路。而他清楚这一点，海滩上的姑娘也知道。然而你呢？你的人生才刚刚开始，一切才刚刚展现在你面前，是你自己在浪掷光阴。"

我放起了费里尼的《甜蜜的生活》，然后跳到最后一个场景，马斯楚安尼行走着，脚踝陷进沙里，而在五十码开外，那个姑娘正隔着一小潭水叫他。他耸耸肩，用双手比了个姿势表示我

[①] 马塞罗·马斯楚安尼（Marcello Mastroianni，1924—1996），意大利演员。

不明白这是什么意思。他转身走开,他的朋友们在等着他。他挥手向姑娘说再见,样子很奇怪,手指弯曲着,看起来好像他的手僵硬了,他整个人也僵硬了。姑娘目送他远去,仍然面带微笑,这微笑表现出仁慈和理解,之后则表现出一股坚定。她好像在说好吧,如果那是你想要的人生。然而之后,她缓缓地转过头直面摄影机。这道目光对观众说:"那么你呢,你的人生又如何?"

"关于可卡因,我唯一想对你说的就是,"我说,"你永远逃不过这样的结局。"

第二天早上,我们看了《美好人生》。一开始我就知道杰西不会喜欢这部电影,那种过火而夸张的表演,詹姆斯·斯图尔特[①]造作的好人形象,杰西不会吃这一套。尤其是在他目前的状态下,将世界看成是某一种——我们在他那个年纪会叫什么——哦,对了,将世界看成是某种"超大的商场地下打折区"。

可当电影放完,屏幕逐渐暗下去,詹姆斯·斯图尔特也随之暗下去(他真的很会惹麻烦,像那种会在父母请客的场合上把酒泼在客人脸上的人)的时候,我知道杰西会情不自禁地上钩的。他一定会想知道电影是如何结束的,为了自己好。他一定想知道,因为这时候银幕上的故事已经变成他的故事。有谁,甚至是吸过可卡因和喝了龙舌兰而宿醉不醒的毛头小子,能够

---

① 詹姆斯·斯图尔特(James Stewart,1908—1997),美国演员。

拒绝电影的最后时刻吗？

　　他在圣克莱大道的一家餐馆找到一份洗盘子的工作，这地方就在我长大的那个社区的边上。店里的实习厨师，一个脸颊红红的高个子少年给他找的。那人叫杰克什么的，是一个"说唱歌手"，似乎人人都是玩"说唱"的。我一直不知道他的姓，但有时上完夜班后，他们会一起到我在唐人街的家里，然后在地下室即兴表演，再三重复和修饰他们令人难以想象的暴力、粗俗，而且根本就是抄来的歌词。我想，大概是万事开头难吧。反正逼他们听披头士的《我想握住你的手》也没什么意义。

　　我从来没想过他洗盘子的工作能坚持四天——这份工作就是不停地在洗。我这么说，不是指责他什么事都做不长或什么事都做不好，而在于那份工作——这是无情的餐馆业中最低的一级，整整八个小时洗肮脏的盘子和外层结了硬块的锅——我实在无法想象他起床、穿好衣服、挤地铁，然后会一直干这种事情直到深夜。

　　可正如人们经常对自己的子女所做的那样，我再次错看了他。你自认为比其他人更了解他，这么多年来，上上下下楼梯，逼他上床睡觉，看他难过、开心、无忧无虑、焦急——结果你并没有真正了解他。说到底，他们葫芦里卖什么药，你永远无法想象。

六个星期之后——我几乎难以置信——他在一天午后起了床,大模大样地踏着欢快的步子蹦进厨房说:"我升职了。"原来杰克辞职去了另一家餐馆,而他,杰西,成了新的实习厨师。对此我感到些许欣慰。很难说出这欣慰的原因。我想,很简单的一点是,当他肯做的时候,就算最差劲的工作他也能做,而且能够做成功,不像他的老爸。

冬天来了,天黑得很早,让人看不清窗外。深夜的时候,我留意到屋顶上有薄薄一层雪,显得有点像童话世界,一栋栋房子犹如商店橱窗里的糕点。如果行人在深夜经过我家的地下室窗口,他会听到两个男孩——白天是厨师,晚上是说唱歌手——唱出的愤怒的声音,对在贫民区长大的屈辱、吸食海洛因、抢劫商店、贩卖枪支、老爸是毒贩、老妈是妓女这等事发出了他们的声音。真是对他童年时代的"完美"描绘!(杰克的父亲是一个重生的基督徒和忠诚的教友。)

从我所站立的地下室的楼梯口(多半是在偷听),我忍不住注意到他们开始听上去——我不知道——有点酷。他们俩,两个身材瘦长、穿着宽松衣服的少年,有着很好的默契和互动。天哪,我想,或许他真的有某种才华。

一个晴朗而寒冷的冬夜,地下室传出兴奋的声音——响亮的音乐,刺耳的说话声。"堕落的怀旧"组合(他们这样称呼自己)

冲了上来,戴着棒球帽,系着印花大手帕,穿着松松垮垮的短裤,还戴着太阳镜。两位坏孩子要去参加他们的第一次演出了。

我能去看吗?

门儿都没有。一点机会都没有。

他们出门去某个地方,杰西的头朝后仰,好像一个黑人在和洛杉矶的警察打交道。

而他们似乎很快又有了一轮表演,随后他们就一次一次地在天花板很低以及未强制执行戒烟条例的肮脏夜总会里表演。

"你认为我们的歌词写得怎样?"一天,杰西这样问我,"我知道你听过我们的歌。"

几个星期以来,我就知道这种事情会发生。我眼一闭心一横,豁出去了。"我觉得歌词很出色。"给小树苗浇浇水就好,大诗人艾略特什么的就不用拿出来说了。

"真的吗?"他那褐色的眼睛紧盯着我的脸,寻找我话中的漏洞。

"我可以提个建议吗?"我说。

他的脸色因为怀疑而黯然。于是我知道我说话要小心一点了。这是一个人五十年后都会记得和写下来的那种话。我说:"也许你们应该写写更贴近你们自己生活的歌词。"

"比如?"

我假装思索了一阵,这个部分我早就排练过。"你们想得最多的事。"

"比如说?"

"比如说吧,嗯,丽贝卡·吴。"

"什么?"

"写一写丽贝卡。"

"老爸。"杰西说,那语气如同对想驾驶家中的车子在深夜狂飙而又喝得醉醺醺的叔叔说话。

"你知道劳伦斯·杜雷尔①说过的话吧,杰西。若想忘掉一个女人,最好的办法是将她写进文学作品里。"

几周后,我无意间在楼梯的顶上听到他们讨论晚上该去哪儿表演。那是一场深夜演出(同其他五六组表演者一起),在一个我三十年前泡妞的地方。

我耐心等待,直到十一点半才溜出家门,冲进雾茫茫的夜色里。我从公园抄近路(感觉自己像个贼),穿过唐人街(垃圾成山,猫儿四处出没),随后我沿街走,一直走到夜总会的门口。那儿站着十多个年轻人,他们在抽烟,不停地将肺里的烟喷到夜空中,喧闹地嬉笑着,吐着痰。每个人都在吐痰。

我看到了他,个头比他所有朋友都高。我悄悄地溜进街对面一家咖啡馆里,在那儿有什么风吹草动我可以早做准备。这是唐人街的周末之夜:到处是电光绿色的龙形霓虹灯,还有装着丑陋荧光灯的通宵小餐馆。街的对面,这个城里的可怜人正

---

① 劳伦斯·杜雷尔(Lawrence Durrell,1912—1990),英国小说家、诗人和剧作家。

裹着毯子,在斯考特教会前徘徊。

五分钟过去了,十五分钟过去了。其中的一位男孩弯腰俯身——他似乎是在和夜总会里站在楼梯上的人说话。随后杰克出现了。如此青春洋溢,看起来就像是一个唱诗班男孩。所有人都转向了他。空气冰冷,让人打寒战。随后,突然间,全部的男孩子都拥了进去,最后面的那位将烟蒂抛向路上,划出了一道长长的优美的弧线。

我一直等到一切都看似没有问题了,才飞快地穿过繁忙的街道,小心翼翼地上了楼梯。我感觉到空气变了,越来越暖和,味道越来越浓,像是狗骚味和发酸的啤酒味。我听到后面一间房子传出唱片声。他们还没上场,我决定先在外面等着,直到表演开始再悄悄地溜进去。我走到楼梯口,选了个角落坐下。一个正在打付费电话的人抬起头来,一眼看到我。是杰西。

"我会再打给你。"他对着听筒说,然后挂了电话,"老爸。"他说,似乎在向我打招呼。他朝我走来,面带微笑,身体拦住了走进去的路。我只好从他的肩膀上望过去。

"是这个地方吗?"我说。

"今晚你不能来,老爸。以后可以,但今晚不行。"

他温柔地转过我的肩膀,陪我一起走下楼梯。

"我以为滚石乐队在这儿表演。"我一边说,一边满怀期望地回头看。但他强壮的手臂(他真有力气!)推着我下楼,一路走下去,直到人行道上。

"我就不能留下来听一首歌吗?"我恳求道。

"我爱你,老爸,但今晚真的不是你该来的时候。"他说。这不就是《码头风云》中的最后几句台词吗?当时,马龙·白兰度正在屋后和他哥哥说话。"改天吧——我答应你。"他说。

二十分钟后,我平静地上了床,我听到妻子在黑暗中翻了翻身说:"被逮到了,是不是?"

第十一章

　　那是某晚杰西偶然说起的。当时我们刚吃完晚饭往家走，在一间摇摇晃晃的平房前待了一阵，我们曾在这儿住过，当时他还是一个有着紫色头发的小男孩，而他的小女友住在这条街上。

　　"你后来回来过吗？"我问。

　　"没有。自从别人住进去后，我就不再喜欢它了。总感觉被人侵占了似的。"

　　房子毫无变化——但也不尽然，屋前多了一道破旧的尖栅栏。"我从来不知道这房子原来这么小。小时候我还以为它很大呢。"他说。

我们多待了一会儿，聊起他的妈妈和那次他因为在学校墙上涂鸦而被抓的事。我们慢慢地往南边回家的方向走，心里暖暖的。

那晚，仍然沉浸于这样的谈话中的我匆匆走进音像店，租了《美国风情画》。我没告诉他这是什么电影，因为我知道他会抗议，或者要求看一下DVD，然后从封套上面找出一些他不喜欢的或者使电影显得"非常过时"的东西。我已经有二十年没看过这部电影了，其实也担心它的魅力和光芒会因日久而尽失。但我错了，这是一部令人心醉神迷的电影，充满了我以前看时没有看出来的深长意味。好的电影总是比我当初所想的更出色，至少在制作上是如此。

《美国风情画》并不只是讲述了一帮小孩在周末夜晚发生的故事。我非常喜欢年轻的理查德·德莱弗斯①在片中闯进当地电台的那场戏，他发现了主持人"狼人杰克"是如何玩那套把声音弄哑的把戏的——德莱弗斯突然明白世界的中心是什么了：它不是一个地方，而是不愿错过任何事物的欲望。那不是某个你能"到达"的地方，而是你"想要"成为的状态。同时我也很喜欢那位开着改装高速车的家伙所说的话，说以前要耗掉满满一箱汽油才能"进行"一次环城兜风，现在只要五分钟就开完了。他并不知道他说的那句话，其实代表了童年的逝去，

---

① 理查德·德莱弗斯（Richard Dreyfuss，1947— ），美国演员。

而你从如今的角度重新再看一次,这个世界确实是缩小了。就像杰西眼里的那栋老房子。

我不想一直聊普鲁斯特和《美国风情画》来惹人讨厌。可如果不这样,你怎么解释为何那位驾驶着雷鸟汽车的美女,要一直在德莱弗斯的视线边缘进进出出呢?当然是利用普鲁斯特那"'占有'与'欲望'互斥"的理论,也就是如果你想让某个女孩看起来像"真命天女"的话,你就必须营造一种若即若离的感觉。

"你认为这是真的吗,老爸,你不能同时拥有一个女人又对她充满欲望?"杰西说。

"不,我不认为。但我在你这个年纪的时候经常会这样。每当一个女孩太过于喜欢我的时候,我就觉得自己不能和她长久交往。"

"发生了什么变化?"

"比如说,那种感谢上帝让我得到她的感觉。"我说。

他神色忧郁地对着空白的电视屏幕思忖了一会儿。"丽贝卡·吴像那个坐在雷鸟车上的女孩,对吗?"

"没错,但你一定要记住这有利有弊。就像你以前的女友克莱尔·布林克曼,那个穿着溜冰鞋的女孩。你们分手了,你认为她会如何看你?"

"就像一个开着雷鸟的小子?"

"很可能。"

"但是老爸,那不是意味着如果我没有和她分手,她也不会这么喜欢我吗?"

"这意味着得不到你,可能使她比通常情况下多喜欢你一点。"

杰西又若有所思地顿了一顿。"我不认为丽贝卡介意能不能得到我。"

"希望她不会。"我说,将我们的注意力引向其他事。

有一次,我问大卫·科南伯格,他看电影是否有"心虚的愉悦"——有些电影,明知道是垃圾,但无论如何就是喜欢看。我设下一个套,希望他承认喜欢茱莉娅·罗伯茨[①]主演的《漂亮女人》。那部电影里没有任何一刻是可能发生在现实世界的,但它却具有让人消气和留下深刻印象的叙事手法,开心的场景一个接一个,它白痴般地将你牢牢控制住,你几乎很难讨厌它。

"基督教电视节目。"科南伯格毫不犹豫地回答。这种节目里经常出现一个肥头大耳的南方福音传播者对大众宣教,这如同对他施催眠术。

由于担心这个电影俱乐部正变得有些刻板(我们已经一连放映了五部新浪潮电影),我在2月的第一周列出了我们的"心

[①] 茱莉娅·罗伯茨(Julia Roberts,1967—),美国女演员。

虚的愉悦"电影清单。我同样想让杰西丢掉无法享受粗鄙电影的庸俗想法。你要学会投入这些电影。

我们以《洛奇Ⅲ》开始。我说流着汗的黑人拳师在他小而肮脏的斗室里做仰卧起坐和引体向上的场景很低俗,但却让人无法拒绝地兴奋,虽然既没有咖啡色的地毯,也没有娘娘腔的垫子。我们紧接着放了吉恩·哈克曼1975年主演的黑色电影《夜行客》,十八岁的梅兰妮·格里菲斯[1]扮演一位淫荡的早熟少女。她那"年纪较大的"男朋友远远地看着她,对哈克曼说:"得有法律管管。"毫无表情的哈克曼回答:"有这种法律啊。"

随后我们放了《尼基塔》,一部讲述毒瘾美女变身政府雇用的职业杀手的荒唐电影。然而这部电影还是有些可谈的——它具有某种低智的吸引力,也许是因为看起来太过瘾了吧。吕克·贝松是当时当红的法国年轻导演,他似乎天生就懂得如何摆放摄影机。他要的就是紧凑的视觉体验,精彩到让你原谅那愚蠢和缺乏说服力的情节。

看看电影是如何开场的——三个家伙出现在街上,拉着他们的一个好友,这简直是一段音乐录影带。是加里·库柏主演的《正午》般的迷幻变奏。还可以谈谈它的暴力场景:留意药店发生的枪战——你几乎可以体验到子弹横飞时的飕飕风声。

但是《尼基塔》只不过是一个热身。现在我们准备看"心

---

[1] 梅兰妮·格里菲斯(Melanie Griffith, 1957—),美国女演员。

虚的愉悦"影片之王，一部别人在你家看都会让你深感蒙羞的真正的垃圾影片。这就是情色、淫乱、愚蠢的《美国舞娘》，它是一部无法打动任何人的电影，会让所有的观众都难以置信地摇头。我们不禁会问，这个离家（如果那也算是家的话）出走的年轻姑娘到拉斯维加斯当脱衣舞娘的故事接下来该怎么讲呢？片子里是有很多裸露镜头给那些想看的观众，可是等到影片结束时，你已经不会想看，也不可能想看了。

"《美国舞娘》，"我对杰西说，"是电影史上的一个异数，让你喜欢得于心不安，因为它完全没有任何可取之处。"

当初《美国舞娘》上映后，得到影评人和观众的大肆怀疑和嘲笑。主角伊丽莎白·伯克利①的明星生涯还没开始就已经陨落；而演过《蓝丝绒》的老牌演员凯尔·麦克拉克伦②咧着嘴、手捻胡须出演的"娱乐经理"一角也让他颜面尽失。一夜之间，《美国舞娘》上了大家的"1995年烂片榜"的榜首。试映会搞得充满互动，因为总有陌生人冲进现场对着银幕破口大骂。

最高的赞赏来自纽约的男同性恋群体，那些变装皇后们穿上了和电影里一样的戏服，在放映着这部"大师之作"的银幕面前，以对口型的方式进行现场演出。这简直是自《亲爱的妈咪》以后最有趣的电影。

我叫杰西计算一下伯克利女士愤怒地从房间跑出来的次

---

① 伊丽莎白·伯克利（Elizabeth Berkley，1972— ），美国女演员。
② 凯尔·麦克拉克伦（Kyle MacLachlan，1959— ），美国演员。

数,同时也注意她拔出弹簧刀刺向出租车司机的场景,一场很特别的表演。

"很有教育意义的可怕场景。"杰西说。他的表达能力逐渐提高了。

"《美国舞娘》,"我总结道,"是一部看完后会让所有人成为直肠病理学家的电影。有些人会坚持认为《外星第九号计划》是有史以来最糟糕的电影,但那不过是流传下来的看法。我会投《美国舞娘》一票。"

大约放到伯克利女士在一家脱衣舞夜总会舔钢管的时候,我才意识到我对《美国舞娘》的介绍远长于我对《四百击》和整个法国新浪潮电影的介绍。

我们以《潜龙轰天》继续"心虚的愉悦"电影之旅,这是一部情节荒诞但好看的影片,里面有两个坏蛋,加里·布塞[①]和汤米·李·琼斯[②],两个都是优秀的演员,也都受限于题材的折磨,是真正敬业的演员。你简直可以想象在拍片的间隙他们肯定都笑得双膝跪地。我叫杰西留意一个场景:布塞被控淹死了与他同船的水手,而他的回答竟然是:"反正他们从来没有喜欢过我。"

最后,我们租了《华生一家》这部电视剧的最初几集来看。我希望杰西听听每集结尾的独白,叙述者以回忆录的风格、成

---

① 加里·布塞(Gary Busey,1944—),美国演员。
② 汤米·李·琼斯(Tommy Lee Jones,1946—),美国演员。

年人的观点来综述所有发生的事情。我问他为什么这些独白会让人印象深刻。

"什么?"

"它们如何成功地让你留恋一种你从来没过过的生活?"

"我不知道你在扯什么,老爸。"

杰西和他的三个伙伴要驱车到蒙特利尔参加一个说唱秀,这让我紧张不安。我给了他一百美元,告诉他我爱他,然后看着他兴奋地冲出了前门。我向他大喊的时候,他正穿过院子,他的三位伙伴冷静地坐在其中一人从他爸那里借来的车子上等他。

我不知道自己对他说了什么,但让他穿过冰冷的院子走了回来。我只想把他拖个十五秒或二十秒,以防他如果碰上什么坏事的话,就可以躲过了——几步路、几秒钟——就因为这么一点点时间而逃过一劫。

隔周的星期一晚上,他回家很迟,带来一个奇怪的故事。他看起来很可怕,皮肤像要裂开一般。他说:"和我们在一起的是杰克的一个朋友。一个胖胖的黑人。我以前从未见过他。在车上我坐在他旁边,当我们离开多伦多一百多英里时,他的手机响了。你知道是谁打来的?丽贝卡。是丽贝卡·吴。她现在住在蒙特利尔,她去那儿上大学。"

"天哪。"

"这个在我右边的黑家伙开始和她聊天。我想读书或往窗外望——我不知道该做什么。我无法冷静下来好好地想。我想我要得心脏病了,或者说,我的脑袋就要爆炸了,就像电影中的那个家伙……"

"《夺命凶灵》。"

"然后他对着电话说:'杰西·吉尔莫在这儿。你想和他聊聊吗?'之后他将电话递给我。果然是她,我一年没见她了,可忽然之间,她在电话那头。丽贝卡。我的丽贝卡。"

"那么她说了什么?"

"她开了一些玩笑,调了一下情,跟着,你知道,又变回了丽贝卡。她说:'哇噢!真是一个惊喜。完全出乎我意料。'于是她问我我到蒙特利尔住哪儿。我说住在一家宾馆,她说:'今晚你做些什么?我想,你不会只待在宾馆里吧。'

"我说:'我不知道。这取决于我身边的这些家伙。'她说:'好吧,我会去一家夜总会——你不来吗?'

"花了六七个小时才到达蒙特利尔。也许更长——那儿下雪了。我们到了那儿,住进了宾馆。这是一个破旧的地方,像是二流的假日酒店,但它恰好在学校街区里的商业街上。"

"于是你出去了,并且买了几打啤酒——"

"我们出去了,并且买了几打啤酒带回宾馆。我们全都住在一间房里,帆布床留给那位认识丽贝卡的黑人。那晚大约十点或十一点钟——"

"你们一个个都有点醉了。"

"我们全部都有点醉了,我们出去找那家酒吧,丽贝卡提到的夜总会。在圣凯瑟琳街的尽头某处。那里满是学生。我本应知道那意味着什么,但是我却忽视了。我们进去了。一个留着胡子的大块头向我们要身份证。我没有带,其他人出示了。结果,他们全都进去了,只剩我被挡在门外。我甚至对他说,我的前女友在里面,我很久没见她了……可以说的借口我都用上了,没用。于是我一个人站在门外,站在人行道上,而我所有的朋友都在里面,丽贝卡在里面,我想,这是有史以来发生在我身上的最残酷的一件事情了。

"但之后丽贝卡走到了门口。她看起来很美,比以往任何时候都美,漂亮得令人吐血。她对门卫说,你知道她的,说着说着,靠近他,抬起头来,眨巴着眼睛。这就搞定了。那家伙,那个守在门口的大个子,接受了她的请求,脸上浮现出尴尬的微笑,并没有看我或她,只是拉开了绳子让我进去。"

"哇噢。"(除此之外我还能说什么呢?)

他继续这个话题。"我坐在丽贝卡旁边的一张凳子上,痛饮了好几杯——"

"她也喝了很多吗?"

"不,不过她也在喝。丽贝卡没事。"

"之后呢?"

"我喝得醉醺醺的。真的，真的喝得酩酊大醉。然后我们争吵起来，我们冲着对方大叫。酒保打断了我的话，然后门卫走过来，叫我们两个离开。于是我们出去了，来到了人行道上。雪已经不下了，但天气仍然非常寒冷，蒙特利尔式的冷，你可以看到自己呼吸时喷出的气，而我们仍然在争吵。我问她是不是还爱我。她说：'杰西，我现在无法和你谈这个，我实在不能。我现在与别人同居。'她招手叫停一辆出租车，坐了进去。"

"你后来是否再见过她？"

"发生的事情还多着呢——别担心。"他顿了顿，凝视着对街，好像忽然记起了某些事情，如同突然间认出了站在自己面前的人。

"什么事？"我警觉地说，声音里带着怒气。

"我那样问她，问她是不是还爱我，你是不是觉得我像个懦弱无能的人？"

"不。不过你知道——"我在想该如何措辞。

"知道什么？"他马上问道，好像我的衣服下面藏着小刀似的。

"这就是过去这一年来，我一直在说的那句话——永远别在酒精的影响下做任何决定。"（天哪，我在说些什么啊。）

"但只有喝了酒才想谈重要的事啊。"他说。

"对，这就是问题所在。无论如何，继续说下去吧。"

他继续说下去。"我们回到宾馆，我们四个人。有人带了瓶龙舌兰回来。"

"天哪。"

"第二天早晨,我在宾馆的房间醒来时头痛得厉害。地上到处丢满了啤酒瓶,而我还穿着昨天的衣服,我的钱全部花光了。这都没关系,但我心里还在想问丽贝卡是不是还爱我这件事,以及她说'我现在无法和你谈这个'然后钻进了出租车。"

"真可怕。"

"我应该回到床上继续睡觉的。"

"对。"

"我一定想过一百万次,当我和她相遇时,我要和她说些什么,结果却是这样。"

他凝视着对面的房子,问我:"你以前做过这样的事吗?"

"接下来发生了什么事?"

"我们出去吃早餐。我一定宿醉仍未醒,因为当我回到宾馆时,我把吃过的全吐了出来。"

"你用什么来付的早餐钱?"

"我向杰克借了一些。别担心——我会搞定这些的。"

他不再说话,点起一根烟,把烟吐出来。"我不记得第二天我们做了什么——我想,我们或许去了皇家山公园。但我记得天气非常冷,我没有带够上衣,也没手套。我们在那儿逛了一会儿——那儿聚了一些学生,我们想这真是个泡妞的好地方——不过大风呼啸着穿过小山,吹着我的两只裤脚。

"那晚我们去了说唱秀,那里相当不错,只不过我一直在找丽贝卡。我可以感觉到她就在现场,我知道她在那儿,但我看不见她。第二天早上,那个肥胖的黑家伙说他要去丽贝卡那儿拿一些包裹。"

"你跟他去了吗?"

"我想见她。所以为什么要假装呢?"(他比我勇敢,我想。)

"我们去了她住的地方。她和男友同居。当我们坐电梯上去的时候,我对自己说,这是她每天乘坐的电梯,这是她每天走过的大厅,这是她住所的门……"

"天哪,杰西!"

"她不在。她男友也不在,只有她的一个室友在。她让我们进去,我四处看了看,偷偷地看了一眼她的卧室。我情不自禁地偷看了。我想,这是她睡觉的地方,这是她早晨更衣的地方。随后她出现了,丽贝卡。看来她在镜子前花了一个小时打扮,精心挑选了衣服。"

"很可能真是这样。"

"我坐在角落,看着她和别人聊天。像平时一样,和每一个人聊天,开玩笑,但除了我。"

"之后呢?"

"然后我站了起来,离开那儿,之后我们就回来了。"

"那一定是段漫长的旅程。"

他心不在焉地点点头。想必他又沉浸到和丽贝卡站在冰天雪地的街头,问她是不是还爱他的情景中去了。

第十二章

在看完一部黑泽明的电影后,太阳出来了。这样的天气真是再合适不过了。这部电影当然就是《乱》。看的时候,杰西似乎比以往更投入,他喜欢片中的战争场景,喜欢片中不忠的情妇被斩首的一幕;而影片的最后一个场景,那个瞎了眼的傻子磕磕绊绊地步向悬崖边缘的影像让他心醉神迷。

在过去几天里,杰西的举止发生了变化。他有那种年轻人对某件事有所期盼的急切,而那件事又近在眼前。我在想,是不是因为天气——这美丽的春天、金黄色的日子、潮湿土地的气味、渐渐消退的冬日严寒——他才变得如此透明如此昂扬。我感觉到,不管是什么原因,这原因一定是很私密的;然而与此同时,他又极想找个人谈论它。我知道,问的话会吓到他,逼他把秘密藏得更深,我必须消极地等待,等待一个时刻,我的一瞥能够吸引他的眼睛,而我就会像钩子一样,将整个故事从他那里拉出来。

我们坐在门廊上,《乱》里的熊熊烈火慢慢消失,鸟儿在叽喳啼啭,我们的中国邻居正在她的花园里忙活,为她的藤蔓植物和神秘水果搭架子。她快八十岁了,还穿着美丽的丝绸外衣。在空中,圆圆的太阳在这非同寻常的季节里,倾泻出灼热的光芒。

"3月的时候,"我以尽可能平淡的声音说,"人们常常以为冬天结束了。不管你在这儿生活了多少年,你仍然会犯同一个错误。"我看到杰西勉强在听,于是继续讲下去,"你说,好吧,这下冬天应该算走了呢,可是马上,杰西,这些话才从你嘴里说出来,你知道马上就会发生什么事吗?"

他没有回答。

"我告诉你会发生什么事。会开始下雪。然后雪就下个不停。"

"我交了一个新女友。"他说。

"春天是个狡猾的季节。"我说。(我甚至对自己也不耐烦起来。)

他说:"你还记得你对我讲过的你的老朋友阿瑟·科伦内的故事吗?那个夺走你女友的家伙?"

我清了清嗓子。"那并没有什么，儿子——那已经是很久之前的事情了——但他并没有真的夺走她。是我还没有做好准备的时候，我就让她离开了，就是这样。"

"我明白，我明白。"他说（他是不是隐藏着一丝微笑），"类似的事情发生在我身上了。"然后他问我是否还记得他的朋友摩根。

"他是你工作上的朋友。"

"那个戴棒球帽的家伙。"

"哦噢，那个家伙。"

"他有个女友，克洛艾·史丹顿-麦凯布。高中时他们就在一起了。他老是对她漫不经心。我经常对他说：'你应当好好对她，摩根，她真的很漂亮。'然后他总说……"说到这里他开始模仿那个笨蛋摩根的声音，"'噢，随便。'"

我点点头。

"她在金斯顿上大学，主修经济学。"

"她还和摩根在一起吗？"

"摩根酷酷的啊。"他脱口而出（同时有点故意含糊其词），"无论如何，他们在一年前分手了。几天之后，杰克，我们乐队的那个家伙——"

"又一个戴棒球帽的家伙。"

"不，戴帽的那是摩根。"

"我开玩笑的。"

"杰克是脸颊红红的那个。"

"我知道,知道,继续说。"

"有天晚上,杰克给我打电话,说他在酒吧里碰到了这个女孩,克洛艾,而她不停地跟他提起我,说我是一个如何如何可爱的家伙,我这个人如何如何有趣,以及我的种种事情。"

"是吗?"

"奇怪的是,老爸,那天晚上上床以后,我在黑暗中就一直想着,如果跟她在一起、和她结婚会怎么样。我几乎对她一无所知,只是在一些派对和几家酒吧里见过她,但没有特别的事发生,我也没有单独和她在一块儿待过。"

"这通从天而降的电话还真不错。"

"是的,很显然。不过一周后,她和摩根复合了。这多少让我有点失望。不过也不是太失望,我还有其他女朋友。但是……好吧,我是有些失望。实际上是,相当失望。"

他怔怔地看着街对面,那里有几张床单,小孩子的短裤晾在二楼的晒衣绳上。你可以感觉到街上吹过来的温暖微风。

他继续说下去。"一天,摩根跟我说——那是在下班后,他有点醉——他说:'我女朋友迷上过你,大概有一个星期。'然后他大笑起来,好像整件事只是个笑话。我也跟着大笑起来。"

"在那之后我见过克洛艾几次。她风情万种,不过她还是和摩根在一起。我有时站在酒吧里,会感觉有只手拍了拍我的后背,我回头一看,一位金发女孩刚从我身边走开。我有次问摩根——我问他,如果我约她出来,他怎么想,他说:'好啊,我不在乎。我只是喜欢和她睡觉而已,就是这样。'除了这个,他没说别的话。"

"我相信。"

"但我还是相当留意别亲近她。我不愿摩根笑话我说:'我就算不要她了,你也得不到她。'"

"好极了。"

"所以,"他凝视着街对面,似乎想要回过神来,找一个必需的支撑点来讲这段故事,"上个周末,我去了皇后街上的一家酒吧,很像是《穷街陋巷》里的场景。我刚冲过澡,梳了头发,穿上一套新衣服,我感觉相当棒。当我走进酒吧,就听到了我非常喜欢的一首歌,一时之间我感觉在这个世界上能够得到自己想要的任何东西。然后我看到了克洛艾,她每周末都来这儿玩。她和朋友们坐在一张桌子边,他们全都说:'哦,克洛艾,瞧瞧那是谁!'

"于是我走了过去,吻了吻她的脸颊,打了个招呼:'嗨,克洛艾。'不过,我没有在那儿逗留太久。我走到酒吧的另一头,独自喝酒。过了一小会儿,她走了过来。她说:'出去和我抽根烟吧。'

"我们到了外面。我们坐在酒吧前面的围栏上,就这样,我忍不住说:'我真想吻你。'

"她说:'真的吗?'

"我说：'嗯。'

"跟着她说：'摩根怎么办？'

"'我会搞定摩根。'我说。"

"那么，他知道了吗？"

"第二天我告诉他了。他说……"杰西将声音降低了八度，"'无所谓。我不在乎。'但那晚下班后，我们出去喝了啤酒，他很快就酩酊大醉，说：'你现在一定觉得自己挺狠的，对吗？和克洛艾在一起了？'

"不过他第二天给我打电话，多少有些难过，但也非常有勇气地说：'听着，哥们，我只是对你和她在一起感到有些奇怪。'

"我说：'是的，我也这样认为。'"

他点起一根烟，搁在椅子的另一端。

"这真是一个了不得的故事。"我说，衣服在微风中飘动。他向后靠着，直直地凝视前方，天知道是不是在想着和克洛艾上分娩呼吸法课程或和埃米纳姆一起巡演的事。

"你觉得摩根和我会闹翻吗？我的意思是我们之间的友谊。你和阿瑟·科伦内就没事。"

"我必须诚实地跟你说，杰西，女人可能会引发流血运动。"

"何以见得？"他说。他还想多聊些克洛艾。他把故事讲得太快了。

对我们来说，这是一个美妙的夏天。我得到了好几份工作（看来要渐渐忙起来了）：客串了几次电视节目，去了一次哈里法克斯上电台的读书节目，采访了一次大卫·科南伯格，为了替一本男性杂志写篇文章我还去了次曼哈顿。就算我还没有打破支出大于收入的局面，但至少不会再有坐吃山空的感觉了，不再有未来五年内我还会遇到更伤心更悲剧的命运的感觉。

然后发生了一件事，就像一段句子的末尾加上了句号，让我感觉我的坏运气到头了。在旁人看来，这些都无足轻重——我被邀请为一份国家级报纸撰写影评。稿酬低，也仅此一次而已，不过——我该怎么解释呢——这正是我一直以来梦寐以求的事。很多时候，这类事情的诱惑超越了它的实际价值，就像一位学者希望能在索邦大学做一次演讲一样，或者说，作为一个演员，希望能和马龙·白兰度搭档拍片，就算是一部糟糕的电影也没关系。

杰西在做夜班工作。他仍然是实习厨师，负责洗盘子和切菜，将鱿鱼洗干净⋯⋯不过他们有时候也让他负责烧烤，这和我写影评的工作一样有种不相称的诱惑。人们做这类事时总是任性得令人惊愕。

烤肉的家伙们很粗鲁，很大男人。他们喜欢流汗、赌咒发誓、喝酒、玩命加班、聊性交以及"享受社会福利的乞丐"。现在杰西成了其中一份子。他经常在下班后——这是他最享受的时间——穿着白色制服傻坐着抽烟，聊着那晚的事，聊他们九点刚过时累得半死（突然一下子来了很多客人），以及他们如何将女侍应放上"惩罚席"（耽搁她们提交的订单）。得罪厨师的人通常都没有好结果。

厨房中充斥着一种奇怪的、假装同性恋的戏谑笑谈——他说，所有的厨房都是这样——厨师们互称对方为同性恋者，嘲笑他们经常干抬高屁股的营生，等等。唯一不会骂的话是"屁眼"，那是很严重的一个词汇——说出来就真的是对别人的羞辱了。

他很喜欢克洛艾在他下班后来接他，这位"玛丽莲·梦露"的鼻尖上有一粒钻石饰钉。坐着的厨师全都注意到了这一点。

"你喜欢她吗？"有一晚，他把脸凑近我问。

"喜欢啊。"我说。

"你不是很肯定。"

"才不是呢，完全不是这样。我觉得她很棒。"

"是吗？"

"是啊。"

他想了一想。"如果她和我分手，你还会这样说吗？"

"我会站在你这边。"

"这是什么意思？"

"意思是只要你能好过点，我说什么都无所谓。"

他停了一下。"你认为她想和我分手吗？"

"天哪，杰西。"

我们还是会看电影，不过没有那么频繁了。也许一周才看两部，有时甚至更少。似乎外面的世界将我们拉出了客厅，我感觉一些珍贵的事情自然而然地到了接近尾声的时候。Fin de jeu.①最后的台词。

我搞了"被埋藏的电影宝藏"这个单元。

我给他放了罗伯特·雷德福②的《机智问答》。这是一部你每次重看都会觉得更好、更丰富的电影。影片讲的是英俊迷人的大学教授查尔斯·范多伦（拉尔夫·费因斯③饰）的故事，他在50年代的一桩电视益智游戏丑闻中被抓，后来的调查表明，参加游戏者事先已经得到了答案。就像1919年的世界职业棒球大赛打假球一样，这对于天真和轻信别人的美国公众而言，无异于心上被扎了一刀。尤其是他们心中的好男孩——同时也是卓越学者马克·范多伦（由伟大的保罗·斯科菲尔德④扮演）的儿子——也牵涉其中，更让他们异常痛苦。

就像《了不起的盖茨比》一样，《机智问答》带你进入一个道德堕落的世界，但又将它拍得如此之美，美到让你能够理解当初人们为什么会投身其中，并选择留下来。我让杰西留意扮演国会调查员的罗伯·莫罗⑤和本该拒绝却居然答应了某些事

---

① 法语，剧终的意思。
② 罗伯特·雷德福（Robert Redford, 1936— ），美国导演、演员。
③ 拉尔夫·费因斯（Ralph Fiennes, 1962— ），英国演员。
④ 保罗·斯科菲尔德（Paul Scofield, 1922—2008），英国演员。
⑤ 罗伯·莫罗（Rob Morrow, 1962— ），美国演员。

的拉尔夫·费因斯之间的默契和互动。

片中最好的表演，最有力的时刻，都来自费因斯的眼睛。在一些场景中，他看上去似乎化了额外的眼妆。我建议杰西注意那场双方交锋的戏，有人问费因斯若是"正直的林肯"上电视竞赛节目的话会怎么做的时候，费因斯是如何用他的眼睛来演戏的。看他对罗伯·莫罗说话时眼珠子如何转动；他一直看着这个年轻人，好像同时也在问自己：他知道多少？他知道多少？

有一场戏讲他们在玩扑克，费因斯下了赌注，莫罗说："我知道你在撒谎。"当费因斯以一种令人喘不过气的偏执神情回应时，我们几乎可以听到他心跳的声音："虚张声势，这叫虚张声势。"他令我们想起陀思妥耶夫斯基的《罪与罚》中的拉斯科尼科夫。

"你会怀念在电视台的日子吗？"片子放完后，杰西问我。

"有时候会。"我说。我解释说我想的是钱，但我真正怀念的是和一些我不认识的人进行过相当肤浅的、三十秒钟长的谈话。"这会在你平淡的一天燃起小小的火花，"我说，"信不信由你。"

"那你是不是真的想念上电视这件事本身呢？"

"不，我从不想念。你呢？"

"我是不是想念一个曾上过电视的老爸？不，我不想念。我甚至从没有想过这个问题。"

说完这些，他起了床，慢悠悠地上了楼梯。他的身影，也许只是漫不经心的动作，不过就这一刻而论——他不再是个毛头小子了。

继续放更多"被埋藏的电影宝藏"。就像吃刚从冰箱拿出来的香蕉奶油馅饼一样让人迫不及待，连盘子都省了。我们看了《最后的细节》。"我们为什么喜欢杰克·尼科尔森？有五个原因。"

1. 因为，用他自己的话来说，"达到巅锋并不难，难的是如何一直留在那里"。杰克的电影生涯已经超过四十五年。没有人能凭"只是运气好"或"装个样子"做到这么久的。你一定得是真的那么伟大才行。

2. 我喜欢杰克·尼科尔森扮演的那个鼻子上缠着绷带的侦探——他在《唐人街》中的非凡表演。

3. 我喜欢《闪灵》中的一场戏，杰克看到妻子在读他疯狂的小说时，问她："你喜欢吗？"

4. 我喜欢杰克年届五十才开始打高尔夫。

5. 我喜欢《最后的细节》中杰克将他的枪放到桌子上说："我他妈的就是那个海岸巡逻队员！"。

有些人认为尼科尔森最好的表演就是在《最后的细节》中。

他扮演"坏蛋"布迪斯基，一位爱抽雪茄、满嘴污言秽语、情绪极易激动的海岸巡逻队员——他被交付了护送一个孩子去监狱的任务。杰克想让那小子在被判刑前度过一段愉快时光，让他"享受一下酒色"。

电影上映后，罗杰·埃伯特写到，尼科尔森"如此完整如此精妙复杂地创造了这个角色，我们不再想着电影而光顾着看他下一步如何表演"。一些电影把粗口变成一种艺术形式，还记得《全金属外壳》中开枪射击的那个陆军中士吗？就像鸡蛋的做法一样，脏话也可以有各种各样的变化，《最后的细节》里就可以听到许多。电影公司的制作人在电影开拍前想修改一下剧本。他们被其中充斥的骂人词句吓坏了，他们也清楚地知道杰克·尼科尔森将以一种邪恶的调调把它们全说出来。哥伦比亚电影公司的一位监制回忆道："电影最初的七分钟，就出现了三百四十二次'操'。这在哥伦比亚公司是不被允许的，不能出现任何有性暗示的字眼。"

罗伯特·唐尼[①]是这部电影的编剧，同时也是《唐人街》的编剧，他说："如果你要为哥伦比亚电影公司表演做爱，你必须在三百码以外做。但电影是开放的，这是一次如实讲述海军士兵生活的机会。公司的领导叫我坐下来，说：'鲍勃，难道二十句'狗娘养的'不是比四十句'狗娘养的'更有效吗？我

---

① 罗伯特·唐尼（Robert Towne，1934— ），美国导演、演员和编剧。

说不对，骂脏话是当人们无力去做某种事情时唯一的发泄渠道。他们只好发牢骚骂娘。"唐尼坚持立场，而尼科尔森支持他——由于尼科尔森是片中最大牌的明星，最终就这样定了下来。

为别人挑选电影是一件危险的事。在某种程度上，这就像给人写信暴露自己一样。它会表明你的所思所想，表明是什么打动了你，甚至还会显示出你认为这个世界是怎么对待你的。因而，当你急着推荐一部电影并说"嗨，这部电影很有趣，你真的会喜欢上它"，而朋友第二天见到你并皱着眉头说"你认为它很有趣？"的时候，这会是一段让人极不悦的经历。

记得有一回，我向一位女士推荐了我非常喜爱的《伊斯达》，不料第二次再见到她时，却发现她以异样的目光审视着我。我知道那目光代表的意思是："原来你喜欢的是那种东西啊！"

所以多年以来，我已经学会在音像店里闭紧我的嘴，在那儿，有时我很想大声提醒一些我完全不认识的人，有时则很想将他们手中的影片一把夺走，并对着他们惊慌失措的脸说，摆在另外一个地方的某部电影会是更好的选择。然而，我还是推荐过几部从来没有反咬我一口的电影。《深夜秀》就是其中一部。接下来要看的片子，我挑了这一部。

这是一部简单的惊悚片，讲述潦倒的私家侦探（阿尔特·卡尼①饰)和疯狂的年轻灵媒(莉莉·汤普琳②饰)被卷入洛杉矶一连串谋杀案的故事。尽管这部电影已经拍出来三十年之久,却几乎没有人看过。可是看过的人,至少是经我推荐看过的人,都会以一种又惊又喜又感激的心情谈起它。有几次,我猜这甚至使一些人开始重新评价我。

我为杰西准备《深夜秀》的时候,无意中读到了宝琳·凯尔发表于《纽约客》的影评。她很喜欢这部电影,却不知如何分类。"准确地说,(它)是一部惊悚片,"她写道,"它是一部独特的类型电影——一首关于肮脏庸俗的让人爱恨交加的诗。"

《线人》于 1973 年上映,但很快就归于沉寂。现在就算是在连芬兰恐怖电影都找得到的冷门小音像店也不见它的踪影。它由《警网铁金刚》的导演彼得·叶茨③执导,但我们看它的真正原因,却在于那个睡眼惺忪的男巫罗伯特·米彻姆④扮演的蹩脚骗子艾迪·科伊尔。我们都认识像艾迪这样的人,这种人生来就是为了做错事的。就像《万尼亚在四十二街口》里的万尼亚,那种无论何时何地都能把你惹火的代表。

随着时间的推移,罗伯特·米彻姆的表演似乎越来越出色——他那宽厚的胸膛,深沉的声线,以像猫溜进晚餐派对一

---

① 阿尔特·卡尼(Art Carney, 1918—2003),美国演员。
② 莉莉·汤普琳(Lily Tomlin, 1939—),美国女演员。
③ 彼得·叶茨(Peter Yates, 1929—2011),英国导演。
④ 罗伯特·米彻姆(Robert Mitchum, 1917—1997),美国演员。

样不费吹灰之力的轻松劲儿游荡于整部电影中。他才华横溢,但奇怪的是,他却总是自我否定,好像这样能得到一种霸道的快感。"听着,我有三种表情,"他经常说,"那就是左顾、右盼和直直向前看。"曾经执导过他主演的《猎人之夜》的查尔斯·劳顿①说过,那种"宝贝,我不在乎"的生硬态度完全是一种表演。他说,罗伯特·米彻姆本人知书达礼、优雅、富于同情心,是一个能说会道的人,绝对是当今演员中能把麦克白这个角色演得最好的一个。不过对此米彻姆有另一种说法:"我和同辈演员的唯一区别只不过在于,我在监狱度过的时光长些。"

不过当我们看这些电影时,有时我会觉得杰西之所以坐在那里,更多的只是在尽义务罢了。伍迪·艾伦的《星尘往事》才放了三十二分钟,我就可以从他的身体姿势看出这部电影让他厌烦,我开始怀疑他之所以看是为了我,为了和我做伴。

"猜猜谁是《星尘往事》的摄影师?"我说。

"谁?"他说。

"'黑暗王子'。"

"戈登·威利斯②?"

"拍摄《教父》的那个家伙。"

"也是拍摄《柳巷芳草》的那个。"他心不在焉地说。

我婉转地停顿了一下,然后温柔地说:"我认为他没拍过《柳

---

① 查尔斯·劳顿(Charles Laughton, 1899—1962),英国演员、导演。
② 戈登·威利斯(Gordon Willis, 1931—),美国演员、导演和摄影师。

巷芳草》。"

"是同一个人。"

我说："我和你赌五美元，戈登·威利斯没有拍摄过《柳巷芳草》。"

他是个有风度的赢家，没有得意扬扬，只是将屁股从沙发上抬起，让钞票滑入了他后面的裤袋，并没有看我。"我一直以为是迈克尔·包豪斯①拍的《柳巷芳草》。"我怯怯地说。

"我看得出来，"他说，"也许你在想着那些法斯宾德②早期的电影。那些画面都充满颗粒感。"

我凝视着他，直到他抬起来头。"什么？"他说，其实他很清楚是"什么"。

---

① 迈克尔·包豪斯（Michael Ballhaus，1935— ），德国摄影师。
② 赖纳·维尔纳·法斯宾德（Rainer Werner Fassbinder，1945—1982），德国导演、演员。

第十三章

2005年秋天,唐人街。将专业改为商业管理的克洛艾回到安大略省金斯顿去上课。此后不久杰西宣布他要辞去餐馆的工作,和他的一个朋友,一个我几乎不认识的吉他手到南方去创作音乐,为时一个月。

那家伙的父亲是一位活跃于娱乐圈的律师,并在库契钦湖边有一所大房子,还有一艘船。他们可以免交租金待在那儿,然后在当地的餐馆找个洗盘子的工作。他问我觉得怎么样,这实际上并不是一个问题——我们两人都清楚这一点。我说当然好。

随后,就这样,他离开了家。我想,好吧,他都十九岁了——

顺其自然吧。至少他知道迈克尔·柯蒂斯①为《卡萨布兰卡》拍过两个结局，以防悲伤的那个不受欢迎。这有助于他理解世界是怎么回事，至少别人不能说我毫无防备地把他送了出去。

唐人街三楼的蓝色房间第一次变得空荡荡，感觉好像有人将这栋房子里所有的活力都吸走了。然而杰西走后大约两个星期，我开始喜欢它了。厨房不乱，冰箱的把手上不会有黏黏的手印，再也没人在凌晨三点的时候上楼梯，弄出巨大的响声。

他有时会打电话回家，很尽责地报告：树木都秃了，湖水结冰了，工作很好，一切都很好。他们写了很多歌，晚上躺在船上，用毯子裹着身子，凝望天上星星，他的朋友会漫不经心地弹吉他，也许他和那位叫祖儿的吉他手回城后会找个公寓住，这几周克洛艾来过之类的。

随后有一天（人们又开始戴着手套骑自行车了），电话响了，拿起话机，我听到了杰西的声音，颤抖着，好像不知道自己身处何处，脚下踩着的冰滑掉了。

"我刚被炒了。"他说。

"工作没了？"

"不。克洛艾。她刚甩了我。"

他们在电话中争吵——他没有目的的人生，他的窝囊废朋友们，她称他们为"侍者和机场员工"。不知道是谁挂了谁的

---

① 迈克尔·柯蒂斯（Michael Curtiz, 1886—1962），美国导演。

电话。通常她都会再打来,此前这已经发生过但这一次她没有。

几天过去了。到了第三天早晨,一个灿烂得连树叶都闪闪发光的日子,他醒来后意识到,就像他曾在电影中看过的一样,她有了新的男友。

"于是我拨通了她的手机,"他说,"她没有接电话。那是早上八点。"情况不太妙,我想,但我没有说什么。

那天他从餐馆的厨房给她打电话,发了几条信息,请她回电,并表示愿意支付长途话费。但他的"猜测"就像一个墨水印在他心里不断扩大,使他确信发生了很严重的事情,他站在了以前从未置身过的情景里。

最终,那天晚上接近十点的时候,她回电了。他可以听到背景中的噪音。音乐、听不太清楚的人声。她在哪儿?在一家酒吧里。

"她在酒吧里给你回电?"我说。

他问她,他什么地方做错了。他几乎说不出话。就像和一个陌生人谈话。"有些事情,我们需要谈谈。"她说,然后是一串听不太清的字句。他不敢肯定,但听起来她好像捂住话筒,然后问酒保要了一杯马丁尼。

他没有浪费时间(他的这种行事方式总是让我印象深刻),单刀直入。他说:"你想和我分手吗?"

"是的。"她说。

随后他犯了一个错。他挂了她电话。他挂了电话,等待她泪汪汪地回电。他在北方的那个小屋的客厅里踱来踱去，眼睛直勾勾地盯着电话，大声自言自语。他又给她打过去，他说："我们之间到底发生了什么事？"

随后她就说了出来。她说她已经考虑过了，他们两个人不适合在一起。她还年轻，她正上大学，她"在工作上有一个很好的未来"。一个俗套借口紧接着另一个，那种上进的"新生代女孩"的口吻令人感到陌生。之前他已经听出过一些蛛丝马迹，但现在这些话并没有让他想将她勒死，反而只是让他怕她而已。

他说："你会后悔的，克洛艾。"

"也许吧。"她轻松地说。

他说："那就这样吧，我们分手吧。"

"你知道她接着说了什么吗，老爸？她说：'拜拜，杰西。'她说了我的名字,温柔地说。听到她这样温柔地念我的名字'拜拜，杰西'，我的心真是碎了。"

那天晚些时候，他的朋友祖儿在厨房上完夜班后回来。杰西对他说了事情的经过。

"真的吗？"祖儿说。他听了大约十分钟，为他的电吉他换了一条弦，之后，他似乎对杰西的事情失去了兴趣，想聊别的。

"你好好睡过觉吗？"我问。

"睡过。"他说，似乎对我的问题感到奇怪。我可以感觉得出，他还是希望能从我这里得到些什么建议，但同时又知道，我已经没什么可给他了，顶多只是指引他一个方向，让他把过去几天聚集在体内的毒排掉。最后我（没什么用地）说："但愿我能帮得了你。"

随后他又开始说了起来，我记不起他说了什么，这不重要，反正他就一直在说说说。

"也许你应该回家。"我说。

"我不知道。"

我说："我可以给你一些建议吗？"

"好吧。"

"不要嗑药和酗酒。喝几瓶啤酒就好了。我知道你感觉很难受，但如果你滥饮，第二天醒来的时候你会觉得自己身在地狱。"

"我已经试过了。"他惨笑道。

"相信我，"我说，"事情可能还会更糟。"

"我希望你还爱我。"

"我当然爱你。"

他顿了顿。"你认为她有了新男友吗？"

"我不知道，亲爱的。不过，我不认为她有了新男友。"

"为什么？"

"什么为什么？"

"你为什么认为她没有新男友？"

"有的话也太快了，仅此而已。"

"但是,她很漂亮。那些家伙一直黏着她。"

"这和她带他们回家不是一回事。"话一说出口我已经后悔自己用了这样的字眼。这字眼把戏又往前推了一步,不过他已经跳到下一个想法去了。

"你知道我害怕什么吗?"他说。

"是的,我知道。"

"不,"他说,"真正害怕的。"

"什么?"

"我怕她会去和摩根睡觉。"

"我认为这不可能发生。"我说。

"为什么不可能?"

"听说她已经和他断了关系。"

"如果是她和其他男人,我不会这么困扰。"

我没说什么。

"但如果她是和摩根,我的感觉会很糟糕。"

然后是长长的沉默。我可以想象他在那栋乡村的小屋里,身边湖水荒凉、树木光秃、乌鸦在树林里呱呱叫的景象。

"也许你该回家了。"

另一阵长长的、若有所思的沉默,我能感觉得出他正在想着各种可怕的结果。他说:"我们是否可以多谈一些时间?"

"当然,"我说,"一整天都没问题。"

有时候，当电话在深夜响起来的时候，我会犹豫一阵要不要接，不知自己是否禁得起直接去面对他那无法缓解的痛苦。有时候我想，不接算了，明天再说。但我随后想起保拉·摩尔斯，以及那些醒得太早的可怕的冬日清晨，面对着漫长而恐怖的一天的情形。

"你还记得你说过克洛艾有时候真烦？"有一晚，我在电话中对他说。

"我这样说过吗？"

"你说害怕和她旅行，因为她可能在飞机上就让你烦闷、无聊到极点。你告诉我你有时候会让你的耳朵离电话远远的，因为你不想再听她一直唠叨她的人生规划。"

"我都不记得这些了。"

"你说过。这都是真的。"

他沉默了好久，然后才说："我和老爸谈这样的事情，你是否觉得我孩子气？但我无法跟我的朋友们说。他们只谈愚蠢的事情。我知道他们其实并没有那个意思，但我害怕他们不小心会说出一些伤害我的话。你知道我的意思吗？"

"我当然知道。"

他稍微改变了声调，就像一个人最终承认犯了罪。"我给她打过电话了。"他说。

"之后呢？"

"我问了她。"

"你真是勇气可嘉。"

"她说没有。"

"没有什么?"

"没有,她没有和任何人睡。不过她说如果真的有,那也不关我事。"

我说:"说出这样的话可真是卑鄙。"

"不关我事?几天前我们还在一起,现在却已经不关我事了。"

"你怎么——"我停下来,"她以为你做了什么事,才让她这么火大?"

"摩根对她差劲极了,一直在欺骗她。"

"真的?"

"没错。"

"但你怎么对她呢,杰西?"

"你觉得我能不能再找到像她一样漂亮的女朋友?"

谈话继续进行下去。那个秋天,我的生活里还有很多要忙的事:我的妻子,为某杂志写关于福楼拜的文章,弄好屋顶上掉落的瓦片,为报纸写一篇影评,地下室的住客不能按时付房租的问题,还有一颗臼齿需要镶(蒂娜的保险单只能付一半的费用)……但杰西情感方面的困扰,偏偏无法抛诸脑后。

人们会说:"他会好的。这就是人生。我们所有人都是这样过来的。"但我知道他会在午夜时分想起一些我们看过的电影——我清楚那些桥段会令他痛苦到发疯。

同样奇怪的是，我刚刚习惯他不在家，习惯他被人生所拥有的前进力量推向另一个更广阔的世界时，可是某种程度上，现在他又回来了。而我并不想以这种方式让他回来。我情愿做他的社交名单最后的人。成为一个当你所有的朋友都很忙碌时你才会和他一起吃饭的父亲，那样我会过得更开心。

第十四章

  几个星期后,他回家了。天气寒冷,风像抢劫犯一样上下吹袭街道。它会等你出门,并且已经走到离家很远的地方,然后一把揪住你的领子,狠狠打你一个大嘴巴。我很清楚地记得杰西刚回来的那几天:他坐在外面的柳条编的椅子上凝视着空中,试着想把他脑袋里的那几件破家具搬来搬去,找出一个不那么可怕的可能性,脱离目前这种无法接受的状态。

  我坐在旁边陪他。天空呈现一片水泥般的灰色,好像是街道的延伸,如同它们在地平线的某处接壤了一般。我跟他说了曾经发生在我身上的每一个可怕故事:八年级的达芬妮(第一个让我哭的女孩),高中的芭芭拉(在摩天轮上甩了我),大学时的莱莎("我爱过你,宝贝,我真的爱过!")——半打以上的伤痛往事。

我把这些故事讲得生动又热烈,并且把重点全放在"我全都挺过来了",事后还可以有趣地讲出当初事情的恐怖之处和"那一刻的无望"。

我给他讲这些故事是因为——这一次我试图让他牢牢记住——我想要他明白,这些拿着冰锥让我哭泣,让我像在放大镜下蠕动的虫子般痛苦的女孩和女人们都不是我应当在一起的对象。"她们是对的,杰西。说一千道一万,她们离开我是正确的选择。对她们来说我是个差劲的男人。"

"你认为克洛艾离开我是正确的选择,老爸?"

我错了。我没想到汽车会开到这条路上来。

有时候他像在水下以芦苇呼吸的人一样听我说话,他能否挺过来似乎就取决于听不听这个故事,这是给予他的氧气。但也有时候——我不得不小心翼翼——他会从故事中引发更可怕的联想。

这就好像他脚上扎了一块碎玻璃,让他无法再想其他的事情。"很抱歉一直谈论这个话题。"他会这么说,然后再继续讲下去。

我没有告诉他的是,在事情变好之前,它可能先会变得更糟,然后你才能到达"一大早醒来时只想着自己的脚后跟似乎长了个水泡?嗯,哎呀,真的呢!我长了个水泡!"那种,令人难以置信得有如置身天堂一般的境界。

　　我必须小心翼翼地选择我们要看的电影。但即便如此，即便我挑选与性爱或背叛无关的电影（这样的电影其实还真不多）时，我能看出他将屏幕当作他痛苦想象的蹦床，只是把眼神继续放在电视上，以为那样就能骗我相信他很投入地在看电影，而事实上，他却在脑海里胡思乱想，如同小偷在豪宅里流连不去。有时我发现他因为自己忽然又想起了什么而痛苦地呻吟。

　　"你还好吗？"我只能问。

　　他在沙发上挪了一下高大的身体，说："我很好。"我给他放了另外一些被埋藏的电影宝藏，如同在上主餐之前给小孩子先来点甜点。任何可以让他脱离自责想象的东西都行。任何能让他笑的东西都行。

　　我给他放了《伊斯达》。这部电影让我受了一次又一次打击，但我仍执迷不悟。所有人都会同意，当片中两位失败的音乐家——由沃伦·比蒂[①]和达斯汀·霍夫曼饰演——来到伊斯达沙漠王国并被卷入当地的政治纠纷时，故事讲得磕磕绊绊，但此前和之后，还是有一些很棒的喜剧元素，就像沃伦和达斯汀戴着小小的头饰，拼命地又跳又唱的戏，就实在是好极了。《伊斯达》是一部有瑕疵的好电影，只是它从一开始就被扼杀了，因为怒气冲冲的媒体厌倦了沃伦有那么多的漂亮女友。

---

① 沃伦·比蒂（Warren Beatty，1937— ），美国演员。

然而它也帮不了杰西。我还不如干脆给他放一部制钉厂的纪录片算了。

在接下来的几周时间里,我们看了很多被埋藏的电影宝藏。我可以感觉到坐在靠近我的沙发上的杰西的激动不安。他的身体似乎紧绷着,像一只动物在黑暗中守候猎物。有时我只好直接按暂停,问他:"你还想看下去吗?"

"当然。"他会说,然后回过神来。

有一则我一直喜欢的关于埃尔默·莱昂纳德的轶事。上世纪50年代,为了给雪佛兰公司所生产的半吨卡车写一句花哨的广告词,莱昂纳德去实地走访了一些卡车司机。一个家伙说:"这种狗娘养的车是开不坏的,只会因为看腻了它的样子而买一辆新的。"

当莱昂纳德向雪佛兰的高级管理人员转述这个的时候,他们大笑不已,但却说"不必了,谢谢"。这可不是他们能放在全国广告牌上的字眼。不过,莱昂纳德在十年后转行写犯罪小说的时候,这样的对白就顺理成章地出现在他的小说里。它抓住了普通人的感受,却又不会让人觉得太普通。

还记得埃尔默·莱昂纳德1990年的小说《矮子当道》吗?片中奇利·帕尔默的一件昂贵外套在一家餐馆里被偷。他没有说:"嗨,我的外套不见了——它值四百美元呢。"相反地,他将餐馆老板叫到一边,说:"你看到一件黑色皮夹克没有,长及指尖,有西装上衣一样的翻领的黑色皮夹克?你没有看到,那你欠我三百七十九美元。"这是典型的莱昂纳德式对白,有趣且特别。

或者来看看他 1995 年的犯罪小说《身不由己》。美国警官雷兰·纪文斯在一次劫车事件中遇到了两名出其不意的重犯。莱昂纳德这样描述了接下来发生的事:"雷兰拿起猎枪对准两个家伙……并做了每个警察都知道的能得到关注和面子的事。他把子弹推上膛,枪身前后移动,那生硬的金属声比吹口哨更有用,迫使那两个人转过身来,然后发现他们就要玩完了。"

有多部电影根据埃尔默·莱昂纳德的小说改编。1967 年由保罗·纽曼[①]主演的《野狼》,1974 年的《猛龙铁金刚》,1985 年伯特·雷诺兹[②]导演的《独闯迈阿密》,还有《52 号密杀令》。通常,这些电影都没有捕捉到莱昂纳德小说标志性的黑色幽默和极其精彩的对话。反倒是新的年轻一代电影制作人才领会了其中的妙处。昆汀·塔伦蒂诺[③]拍了一部虽然有点长但很有趣的电影——《杰克·布朗》,《矮子当道》则捕捉到了埃尔默·莱昂纳德的精华。顺带一提的是这部电影的主角约翰·屈伏塔[④],是他坚持电影要原汁原味地采用小说的对白。

随后在 1998 年,史蒂文·索德伯格[⑤]导演推出了由乔治·克鲁尼[⑥]和詹妮弗·洛佩兹[⑦]主演的《战略高手》。影评人很喜欢

---

① 保罗·纽曼(Paul Newman, 1925—2008),美国演员。
② 伯特·雷诺兹(Burt Reynolds, 1936—),美国演员、导演。
③ 昆汀·塔伦蒂诺(Quentin Tarantino, 1963—),美国演员、导演。
④ 约翰·屈伏塔(John Travolta, 1954—),美国演员。
⑤ 史蒂文·索德伯格(Steven Soderbergh, 1963—),美国导演。
⑥ 乔治·克鲁尼(George Clooney, 1961—),美国演员。
⑦ 詹妮弗·洛佩兹(Jennifer Lopez, 1969—),美国女演员。

这部电影，但观众不买帐，认为这是一个旧式的伤心故事，它很快就淡出了市场。这真是太糟糕了，因为它是那一年的最佳电影之一。它是一部经典的被埋藏的电影宝藏，这也是我挑给杰西看的原因。

放片前我叫他留意一个名为史蒂夫·茨恩①的演员。他在片中扮演一位名叫格伦的失败者。我不知道他是否真的抢了詹妮弗·洛佩兹和乔治·克鲁尼的戏，但已经相当接近这个程度了。他是一位不为人知的演员，一个哈佛毕业生，顺便提一下，他甚至没有能参加试镜，所以给自己拍了试镜的录像带，寄给了导演。索德伯格看了这个录像带十五秒钟就拍了板："这就是我想要的家伙。"

对于这部电影，我还是不知道杰西到底看进去了多少。他看似投入地看完了整个故事，但在电影放完的时候，他应该是如释重负，以极快的速度跑上了楼。

我做对了，这部如此之好的电影给杰西留下了非常强烈的印象，以至于他有几个小时完全没有再想起克洛艾。

多年以前的一个夏日，我沿着多伦多的央街走，偶遇了一位老朋友。我们有一阵子没见面了，当场决定去看电影。我们在附近的戏院看了看，有六部电影在上映。"你应当看这部，"他说，"你绝对要看这一部。"

---

① 史蒂夫·茨恩（Steve Zahn，1967—），美国演员。

于是我们看了这一部。《真实的罗曼史》真是部值得一看的电影。这是你一年可以看两次的电影。昆汀·塔伦蒂诺在他二十五岁时写了这个关于可卡因、谋杀以及年轻男女初恋故事的剧本。这是他写的第一个剧本。他到处推荐——可是没有买家。它太有创意了，会使电影公司的头头困惑"会不会搞砸"。在他拍出《落水狗》后才有"话"传出来，说英国导演托尼·斯科特①接手了这个剧本。

《真实的罗曼史》有一场长达八九分钟的丹尼斯·霍珀和克里斯托弗·沃肯的对手戏，对于我来说，这也许是电影史上最好的一个场景。我知道这种话只能说一次，所以我一直留到现在才说。当满是漂亮对白的剧本在手，看优秀的演员如何演绎就成了一件令人兴奋的事情。你可以感觉到他们对彼此表演的喜悦。他们在用演技对决。我坐在黑暗的戏院里，那场戏开始了，克里斯托弗·沃肯声称："我是反基督者。"我的朋友凑过来对我耳语道："好戏开始了。"

这部电影有许多其他有趣的场景：造作的加里·奥德曼扮演一个披着骇人长发的毒品贩子，他是一个擅长使用暴力的人，正如杰西观察的，他可以"在事情发生前几秒钟还在用筷子吃中国菜"。布拉德·皮特②扮演一位加州的瘾君子，方·基默③扮

---

① 托尼·斯科特（Tony Scott，1944—2012），英国导演。
② 布拉德·皮特（Brad Pitt，1963— ），美国演员。
③ 方·基默（Val Kilmer，1959— ），美国演员。

演猫王埃尔维斯·普雷斯利①的幽灵……还有很多。

我叫杰西留意影片最后的独白，克里斯汀·史莱特②和帕特丽夏·阿奎特③在墨西哥海滩嬉闹，太阳穿过炫目的金色和血红的云霞，她的声音响起："你真酷，你真酷，你真酷。"

这个场景让他感觉很好。这使他有一种暗自起鸡皮疙瘩的感觉，就好像在某个晚上，当他走进酒吧，某个美丽的女孩看着他时，某首歌恰如其分地响起："你真酷。"

随后，我们穿上大衣来到门廊上，第一片雪花闪闪发亮地落下，一碰到地面就融化了。"我从来不喜欢和克洛艾一块看电影，"杰西说，"我讨厌她所说的话。"

"你不能与一个连电影都不能一起看的女人在一起，"我说，声音像电视剧《华生一家》中的华生爷爷，"她说了什么？"

他盯着飘落的雪花看了一会儿。透过街灯，他的眼睛看上去很亮，如同玻璃。"愚蠢的事。她总是想挑衅。这是她所谓的年轻专业人士的一面。"

"那听起来很让人厌烦。"

"她通常在你正在看你真正喜欢的电影时说出那些话。你不希望某人试图表现得'有趣'。你只是希望他们喜欢这部电影。你知道她有一次怎么说吗？她说斯坦利·库布里克的《洛丽塔》

---

① 埃尔维斯·普雷斯利（Elvis Presley，1935—1971），美国歌手。
② 克里斯汀·史莱特（Christian Slater，1969— ），美国演员。
③ 帕特丽夏·阿奎特（Patricia Arquette，1968— ），美国女演员。

比阿德里安·莱恩那部好。"他摇摇头，身子向前倾。有一阵子，他看起来像一位年轻的战士。"这种看法是错的，"他说，"阿德里安·莱恩的《洛丽塔》是一部杰作。"

"是的。"

他说："我给她放《教父》。但正要开始放之前，我说：'我真的不想听到任何对这部电影的批评，行吗？'"

"她说了什么？"

"她说我控制欲太强，她有权发表她的观点。"

"你说了什么？"

"'不适用于《教父》，你不能评论。'"

"然后呢？"

"我们吵了一架。"他不耐烦地说（真是条条观念通罗马）。现在雪下得似乎更大了。雪花在街灯下快速地旋转，当汽车驶过街道时，透过车头灯，可以看见它们在飘落。"我只不过希望她喜欢它而已。就这么简单。"

"我不知道，杰西。对我来说，这不是一段理想的爱情。你不能和她一起去看电影，因为她会打搅你；你不能和她一块散步，因为她会让你厌烦。"

他摇摇头。"很有趣，"过了一会儿他说，"现在我记不起任何这种事情了。我只记得和她有过一段非常快乐的时光。"

我的妻子走了出来，门廊的灯亮了起来。椅子的木腿发出响声。我们的谈话停止了，然后又再聊了起来。她清楚她不能离开。过了一会儿,我离开了,让他们两个在一起待着。我想有些事情她可以和他聊聊,让他感觉好受一些。我们的蒂娜,她在大学时可是相当出风头的派对女郎。我知道摩根的事她会做出合理的解释,但我有一种感觉,对于这件她的轶闻趣事,我应当不听为妙。我有时会从客厅的窗口望出去,他们紧挨着坐在一起。她在讲,他在听,然后,令人惊讶的是,我听到了出乎我意料的反应,那是笑声——他们都大笑了起来。

在一天的终了,他们两个人躲到门廊上抽烟和聊天似乎成了某种仪式。我没有跟他们一块,这是一个私密的时刻,我很欣慰杰西还能和一位上了年纪的女人(令人吃惊的有经验的那种)聊天。我清楚她跟他谈的可能是我所不知道的她所谓"派对年代"发生的事。我从来没问过他们之间交流过什么。一些门最好永远关着。

在黄色的卡片上,我看到,我曾仔细考虑过再给他放一次《美好人生》,但是,因为担心他将克洛艾看成是片中唐娜·里德[1]所扮演的那个角色,我在最后一秒还是将碟放了回去,改给他放了《好奇心》。我不太愿意放一部法国艺术电影——我知道他想看娱乐片——但这部电影是如此出色,还是值得他一看的。

像《四百击》一样,路易·马勒[2]的《好奇心》讲述的是成长,

---

[1] 唐娜·里德(Donna Reed, 1921—1986),美国女演员。
[2] 路易·马勒(Louis Malle, 1932—1995),法国导演。

讲述的是那段古怪的尴尬时期，年轻男孩最初的成人体验中异常丰富的内心生活。这是作家都喜欢回顾的一段特别脆弱的时期——我猜是因为那时候的心就像还很软的水泥一样，很容易就留下痕迹。

《好奇心》的少年似乎将这份脆弱嵌进了他的身体，嵌进了那微圆的肩膀、那瘦长的手臂，以及他待人处世时经常像长颈鹿一般冲撞的经历中。电影里充斥着一股浓烈的怀旧之情，如同路易·马勒在写下一段他人生中非常非常快乐的时光，而这段快乐时光是他多年以后才发觉的。片中充满着带着一双热切眼睛的青少年所感到的如此熟悉的小细节——你感同身受的情节不断出现，好像你也是在一个50年代小城里的法国家庭长大的。

而最后的高潮更加精彩。很难相信其他导演能够像路易·马勒这样结束一部电影。我不会多说什么，只是要补充，在你的人生中偶尔发生的事件会提醒你，不管你自认如何了解某人，纵使你认为你能够了解他人生中的每一个重要时刻，事实上，你并不了解这个人，也不可能了解这个人。

"我的上帝啊！"杰西说，第一次带着怀疑的眼光看着我，随后表现出不自在的神情，最后则转为钦佩。"我看到了一位有种的导演！"

当我们在看这些被埋藏的电影宝藏的时候，杰西不时发表一些看法，这再次令我惊奇，在过去的三年时间里，他到底从电影中学到了多少东西。这并不是说电影对他有多重要，毕竟我想他恐怕情愿拿这些去交换一通某人打来的电话。

"你知道吧，"电影结束的时候我说，"你已经成为一个相当好的影评人了。"

"是吗？"他心不在焉地说。

"你比我为 CBC 电视台做影评人的时候所知道的还多。"

"是吗？"他似乎没什么兴趣。（为什么我们永远不想做我们擅长的事？）

"你可以成为一个影评人。"我说。

"我只知道我喜欢的事情。别的一概不知。"

过了一会儿，我轻声地说："迁就我一下，可以吗？"

"好吧。"

我说："你是否能立即告诉我法国新浪潮的三个创新？"

他眨眨眼，坐了下来。"嗯，低预算？"

"是的。"

"流动的摄影？"

"是的。"

"走出片厂深入大街小巷拍电影？"

"你能指出三位新浪潮导演吗？"我说。

"特吕弗，戈达尔[①]，还有埃里克·侯麦[②]。"（他开始进入状

[①] 让-吕克·戈达尔（Jean-Luc Godard，1930— ），法国导演。
[②] 埃里克·侯麦（Eric Rohmer，1920—2010），法国导演。

态了。)

"法语的新浪潮怎么写?"

"Nouvelle vague."

"希区柯克的《鸟》中,你最喜欢哪一个场景?"

"前一刻你看到蒂比·海德莉[1]的肩上方有个空空的方格铁架,下一个场景你会看到里面已经满是鸟儿了。"

"为什么这个场景好?"

"因为它让观众知道有些坏事即将发生。"

"这叫做什么?"

"悬疑,"他说,"如同希区柯克在《美人计》中建造的第二段楼梯。"他脱口而出,这种无聊又确定的事情让他其乐无穷。有一瞬间,我有一种感觉,他在做着白日梦,梦到房间中的第三个人——克洛艾在听他说这一切。

"谁是伯格曼[2]最喜爱的摄影师?"

"太容易了。斯文·尼克维斯特[3]。"

"尼克维斯特给伍迪·艾伦拍的电影是什么?"

"事实上,他拍了两部。一部是《罪与错》,另一部是《另一个女人》。"

"霍华德·霍克斯[4]说过什么能构成一部好电影?"

---

[1] 蒂比·海德莉(Tippi Hedren, 1930—),美国女演员。
[2] 英格玛·伯格曼(Ingmar Bergman, 1918—2007),瑞典导演。
[3] 斯文·尼克维斯特(Sven Nykvist, 1922—2006),瑞典摄影师。
[4] 霍华德·霍克斯(Howard Hawks, 1896—1977),美国导演。

"拍出三场好戏,并且没有一场烂戏。"

"在《公民凯恩》中,一个男人描述五十年前他在新泽西的码头看见的事情,那是什么?"

"一个撑着阳伞的女人。"

"最后一个问题。答对了,你会得到另一顿免费大餐。说出新好莱坞运动中的三个导演。"

他扳起了食指。"弗兰西斯·科波拉。"顿了一顿,"马丁·斯科塞斯。"更长的停顿,"布莱恩·德帕尔玛。"

过了一会儿,我说:"明白我的意思了吧?"

这件事显然有那么点影响,因为那天深夜他将一个CD光盘放进了我的电脑。"制作得很粗糙。"他这样介绍。这是他在北方写的歌,在那些风舔着窗玻璃、克洛艾跑掉再也没有回来的夜晚写下来的歌。一开始是一把小提琴反复奏着同样的乐句,然后拍子响了起来,贝斯和鼓加了进来,最后是他的声音。

我知道,我们大多数人都认为我们的孩子是奇才,即便他们不是(我们将他们满是脏污的小画贴在冰箱上,好像这些画是毕加索的作品),然而这首歌,《天使》——虽然所有关于克洛艾的话消失很长一段时间了——我可以这样说:在这首献给一名不忠诚的年轻女子的歌里有些很棒的东西。听得出这首歌里传达出一些自信,这似乎是来自另一个人,而不是这个眼下正与我一起坐在沙发上、嘴唇念叨着歌词的男孩。

但那并不是最强烈地打动我的东西。最大的变化在于歌词。它们一会儿严词痛斥,下一刻又哀声乞怜。它们写得很粗糙,既伤人又淫秽,作词的人就像海参一样,将自己由里向外翻出来。但是它们同样首次表现出真实:不再胡扯些贫民区的成长或公司的贪婪或小时候穿过满是注射针头和避孕套的后院。《天使》直抒胸臆——如同某人撕裂了一层皮肤并记录下了他的呐喊。

听着这首歌,说来也奇怪,我欣慰地、毫无不快地意识到,他比我更有才华、更有天赋。对克洛艾的恨意已经消失。她烧掉了他的歌词中不成熟的地方。

当CD中的人声慢慢消失时,当凄切的小提琴声(像一把锯来回拉着,把伤口拉大拉深)慢慢消失时,他问:"你觉得怎么样?"

为了让他能细细回味,我故作缓慢而低沉地说:"我认为你正在释放你的才华。"

就像当初我告诉他是否想退学时他的反应那样,他跳了起来。"还不赖,对吧?"他兴奋地说。我想,这也许就是摆脱克洛艾阴影的方法。

那个傍晚我回来迟了。门廊一片漆黑。最初我没看见他，几乎撞到他。"天哪，"我说，"你吓着我了。"透过他身后的厨房窗户我可以看到蒂娜在明亮的厨房里忙碌，于是我向她走去。

通常，渴望谈话的杰西会跟着我进房，这个那个地喋喋不休。有时候他甚至靠在卫生间外面，隔着门说个不停。我和妻子交换了今天的愉快消息（这里有工作，那里有工作，到处都有工作），然后又走了出来。我打开了灯。杰西望着我，嘴上浮现出尴尬的微笑。

我在他身旁平静地坐下。"你知道我害怕发生的事情吧？"他说。

"知道。"

"它发生了。"

一个朋友打电话来，告诉了他那个消息。

"你敢肯定？"

"是的。"

"你怎么知道是摩根？"

"因为他跟我朋友说了。"

"那个朋友然后跟你说了？"

"对头。"

"天哪，他为什么会那样做？"

"因为他仍然喜欢她。"

"我的意思是为什么你的朋友要告诉你？"

"因为他是我的朋友。"

对面街上的中国女人拿着扫帚出现了，她精力旺盛地扫着自家的阶梯。我几乎不敢看他。

"我想她犯了一个可怕的错误。"我虚弱地说。

刷，刷，扫帚在扫着，这女人像一只鸟一样摇晃着她的脑袋。

"我将永远不会和她复合了，"他说，"永远。"

他滑下椅子，走下门廊前的阶梯，他这样做的时候，我注意到了他的耳朵。它们红通通的，似乎是他曾在椅子上以前倾姿势坐着，摩擦过它们。他通红的耳朵和他离去的方式非同寻常——似乎无处可去，似乎除了她，所有的工作，所有的人类行为，皆属徒劳，空荡荡的停车场一直向地平线延伸——这使我的心揪成一团，想要在后面大声叫他。

我正准备给他放让–皮埃尔·梅尔维尔[①]的电影《大黎明》，但他反倒想看《重庆森林》。他将它从楼上的房间里拿出来。"你介意吗？"他说，"我想看一些克洛艾出现之前的电影。"但电影放到一半，《加州梦》响起，芦苇秆般瘦削的女子在公寓里旋转和舞蹈的时候，他将录像带拿了出来。"没用了，"他说，"我原以为它会让我振奋起来。"

[①] 让–皮埃尔·梅尔维尔（Jean-Pierre Melville，1917—1973），法国导演。

"它怎么会让你振奋？"

"你知道——我忘掉了丽贝卡；现在，我将忘掉克洛艾。"

"是吗？"

"但我不可能回到那时。我不记得我喜欢丽贝卡是什么样子了。它只会让我想起克洛艾。它太过浪漫了。它让我的手心出汗。"

第二天晚上他没有回家，反而在答录机上留下了一则相当令人紧张、相当严肃的信息，大意是他将在"工作室"过夜。我从来没见过那个地方，但我知道它相当的小，"甚至容不下一只猫摆尾"。那意味着杰西到底将会在哪儿睡觉呢？然后是声调，非常不相称地庄重。那声音像是一个年轻人承认自己偷了一辆车。

那夜我睡得不安宁。早上接近八点，我仍然心烦意乱，于是打了杰西的手机并留言说我希望他过得好，能否抽空回复他的老爸。然后，无端端地，我又告诉他此刻感觉应该相当糟糕，但任何一种毒品，特别是可卡因，都可能让他躺进医院。或许会杀了他。

"这个问题不能回避。"我说，在空荡荡的客厅里踱来踱去，太阳照射着门廊外面，"不存在任何捷径。"我听起来有点自大和极端的不自信。然而当我放下电话，我觉得自己更加平静了；虽然显得有点生硬，至少我说出口了。

二十分钟后，他回了电话。他起得这样早，真令人奇怪。

他的声音一如平常，像是发自结实的胸膛，有些小心翼翼，如同某人拿枪对着他，或是紧紧地盯着他。

"你还好吗？"我说。

"是的，是的，真的很好。"

"你的声音听起来可不那么好。"

这引发了他乖戾的哼声。"我这段时间一直都非常不开心。"

"我知道，杰西。"我说，停顿，他并没有蹦起来，"那么我们晚上见。"

"我们可能要排练。"他说。

"是吧，好吧，我会在那之后见你。和蒂娜喝一杯酒。"

"我尽量吧。"他说。

尽量。(我又不是在血库请求志愿者献血，儿子。)

我有一种强烈的感觉，就是别去催他。系着他的那根绳子已经很长了，而且已经变得很细很细。我在电话中说再见。

这是一个奇怪的美丽日子，阳光耀眼，树木光秃秃的，云朵飞快地飘过天空。一个不真实的日子。

电话再次响起。喑哑的声音，没有抑扬顿挫。"对不起，我对你撒了谎。"他说，顿了一顿，"昨晚我吸了毒。我现在在医院。我觉得我心脏病发作了。我的左手麻木了，于是叫了辆救护车。"

"都是那个该死……"这是我唯一能说出口的话。

"对不起，老爸。"

"你在哪儿？"

他说出了医院的名字。

"这见鬼的医院在哪儿？"

我听到他盖住电话。随后他又回来，告诉我地址。

"你现在在候诊室吗？"我说。

"不。我和护士在一起。我在床上。"

"待在那儿别走。"

过了一会儿，我正在穿衣，他的妈妈打来个电话。她正在附近排练一出戏，问她能不能回来吃午餐。

我将玛姬拉上蒂娜的车，那个明亮的午后，我们驱车到了医院，停好车，沿着通道走了三公里，询问了急诊室接待处的人；门滑开了，一群护士、值班医生和穿着蓝色制服的护理人员有说有笑地经过，然后转左，再转右，到了二十四号床。他躺在那儿，面色死灰。眼睛像大理石，嘴唇发黑且结了一层硬壳，指甲很脏。一台心脏监护器在他头上哔哔地响着。

他的母亲温柔地吻了吻他的前额。我冷淡地望着他。我看了看心脏监护器，我说："医生说了什么？"我不能碰他。

"他说我的心脏跳得非常快，但不是心脏病发作。"

"他们说那不是心脏病发作？"

"他们认为不是。"

"他们认为不是，还是他们知道不是？"

他母亲投来责备的一瞥。我将手放在他的腿上。我说："你能叫救护车,做得很好。"我几乎想说(但我忍住了),我希望不用付这个钱。

然后他开始哭了起来。他看看头顶的白色天花板,泪水沿着脸颊淌下来。"她赢了。"他说。

"谁?"

"克洛艾。她赢了。她和她的旧男友外出寻欢作乐,而我躺在这他妈的医院里。她赢了。"

我感觉自己的心脏像被强有力的手指拉着。我想我可能有些头晕。我坐了下来。"人生还很长,杰西。你不知道谁赢了这一个回合。"

"这怎么会发生?"他啜泣着说,"这怎么会发生?"

我感到自己的胸膛开始发抖。我想,上帝,请不要让他再哭了。

"她打电话给那个家伙,然后他们上了床。"他痛苦地看着我,我只好望向他处。

我说:"我知道事情看上去有点绝望。"

"他们搞在一块,"他哭着说,"真的很糟糕。我没法去睡觉或者合上我的眼睛。我的脑海中尽是这些画面。"

我想,他对这一切的感觉是想去死。

我说:"之所以事情会这样——都是因为可卡因,亲爱的。它解除了你所有的防备。它们让事情看起来比原来要更糟糕。"这些毫无意义的词,如此无足挂齿、如此令人作呕的无效的词,如同面对着推土机的花瓣。

"真的?"他说,那好奇的语调,像一个人伸手去拿一件救生衣,促使我继续讲下去。我说了十五分钟;他母亲的眼睛从来没有离开过他的脸。我讲啊讲啊讲啊,说了任何我能说的话;我感觉自己似乎在一间黑暗的屋子中摸索,我的手指四处乱摸,伸进口袋,伸进抽屉,伸进衣服下,伸向台灯,想通过触摸来寻找合适的词语,以重新点燃这个"真的"以及临时减轻随之而来的痛苦。

我说:"你能够忘掉这个女孩,但不能通过可卡因。"

"我知道。"他说。

他说他们正好来到工作室排练。整整一天,他有一种感觉:杰克知道某些事情,但一直对他保密。克洛艾一直欺骗着他,也许摩根是世界上最好的……诸如此类。

于是他问:"你是否知道一些事情而没告诉过我?"

杰克的女朋友算认识克洛艾,不过杰克说没有什么可告诉他的。杰西又追问了他一下。没有,没有什么新的消息,只有他曾经跟杰西讲过的:她打电话给摩根,他正坐上巴士想去伦敦,他们在公寓里过了一晚,听一些"真的很酷"的音乐。然后上床了。这就是他们之间的故事,老实说,这就是他知道的事情。

接着,有人拿了可卡因出来。再就是七个小时以后,大家都睡了,杰西跪着看地毯上是否有任何从桌子上掉下来的可卡因，而他的手臂失去了知觉。他走到炫目的太阳底下，阳光照射着汽车，他发现一家酒吧开着，请人家给他叫辆救护车。酒保说："我们管不了这事。"

于是他来到电话亭，那时已经接近中午时分了，身边车水马龙，非常吓人，他打了911。他坐在路边等车来。救护车来到了，他们将他放在后座。载他去医院的时候，他透过后车窗看着外面。他可以看到洒满阳光的街道消失在他身后。一位护士问他带了什么，叫他说他父母的电话号码，他拒绝了。

"随后我就放弃了，"他说，"我放弃了，然后告诉他们事情发生的经过。"

有一阵子，没有人说话。我们只是坐在那儿看着我们面色苍白的儿子，他的手遮住了他的脸。

"这是我叫她别做的一件事，"他说，"唯一一件事。她为什么要做？"你可以看到他苍白的、孩子气的面孔上精疲力竭的表情：她是做给他看，他也是做给她看。

"真是徒劳无益。"我说。

医生进来了，是位年轻的意大利医生，留着山羊胡子，身材非常结实。我对杰西说："如果我们在这儿，你是否能对医生如实说明一切？"

"这很重要，"医生说，如同某人刚刚说了一个聪明的笑话，"要诚实。"

杰西说能。医生问了一些问题，听了听他的心跳和他的背。

"你的身体不喜欢可卡因,"他微笑着说,"看起来也不喜欢香烟。"他直起身子。

"你没有心脏病。"他说。他解释了一些我听不明白的事,将他的手握成拳头表示心脏的停止跳动。"但是让我告诉你,你这个年龄段的人无论谁心脏病发了来这儿,全都是因为吸了可卡因。全是这样。"

随后医生离开了。三个小时后,我们也离开了医院。我送他母亲去搭地铁,然后将杰西带回我的家。正当我们到达车道时,他突然哭了起来。"我非常想念这个女孩,"他说,"非常想。"

之后我也哭了。我说:"我会尽力帮助你,尽力。"

我们坐在那儿,两个人都哭了起来。

第十五章

随后奇迹发生了（但并不令人惊奇）。克洛艾，一直盘旋前进的野心家，似乎又有了不同的想法。谣传说，摩根已经被迅速打发掉。触角已经伸出了。她的好朋友在一个派对上"偶遇"了杰西，告诉他克洛艾"非常非常"想念他。

对于我来说，他的神色终于恢复平常了，甚至走路的方式也有点不同了，蹦蹦跳跳的，表明他不善于隐藏自己。他给我放了另一首歌，然后又一首。正如娱乐圈所说的，"堕落的怀旧"现在炙手可热。他们在皇后街的一家酒吧表演。我仍旧被驱之门外。

感觉他对被埋藏的电影宝藏的兴趣已经冷却下来，我寻思着更偏门的领域。和写作有关，他似乎正朝着那个方向发展。

而我找到了，似乎如脸上的鼻子一样明显：我们要看一批剧本写得特别好的电影。我们放了伍迪·艾伦的《曼哈顿》。尽管只要看看《低俗小说》，就能够弄清楚有趣的写作和真正的写作之间的区别。《低俗小说》，如片名所示，非常具有娱乐性，对白出色和夸张，全片没有一点真正的人性。我提醒自己要告诉他契诃夫在莫斯科剧院观看易卜生的戏剧《玩偶之家》的故事，在幕间休息的时候，契诃夫转身对一个朋友低声说："不过听着，易卜生不是一个剧作家……易卜生完全不了解人生。人生全然不是那个样子。"

所以为什么不放路易·马勒的《万尼亚在四十二街口》呢？他还太年轻，无法接受契诃夫——是的，那会闷死他——但我猜测他一准喜欢华莱士·肖恩①扮演的经常牢骚满腹、备受浪漫折磨的万尼亚，特别是他对萨利布莱亚科夫教授夸夸其谈的时候。"我们不能全都说和写，像农场机器一样吐出词儿！"

是的，杰西会喜欢万尼亚。"适合自杀的好天气。"

随后作为甜点，我给他放了《江湖侠侣》。看看它的阵容吧：根据海明威（那时是个疯子，牛饮马丁尼，狂吞安眠药，并在凌晨四点起来胡写一气）的小说改编；编剧是有恋童癖的威廉·福克纳②；还有著名的鲍嘉③和白考尔在海滨酒店的楼梯上的场景，

---

① 华莱士·肖恩（Wallace Shawn，1943— ），美国演员。
② 威廉·福克纳（William Faulkner，1897—1962），美国作家、编剧。
③ 亨弗莱·鲍嘉（Humphrey Bogart，1899—1957），美国演员。

她以这样的话对他主动献身:"你不必做什么或说什么;或者,你可以只吹口哨。你知道怎么吹口哨,对吗,史蒂夫?你只需要将两片嘴唇合在一起吹就得了。"属于最高级别的炫耀性作品。

说起这个,我给他放了大卫·马梅①的(听听这炫耀的名字)《大亨游戏》。在一间聚满了人生输家的三流房地产销售人员的办公室里,一个人在呵斥他们。"放下咖啡,"亚历克·鲍德温②对惊愕不已的杰克·莱蒙③说,"咖啡只给结案的人喝。"

这正是我所计划的。之后我们会放更多的黑色电影,《南街奇遇》,等等。这些都在计划中。

随后是圣诞假期。晚上,我和杰西外出,雪花轻盈地飘落。探照灯反射着蓝天的天空,天知道在寻找着什么,庆祝着天知道是什么的事情。他没有再和克洛艾见过面或谈过话,没有电话,没有电子邮件,但最近的某一天她应该会回家和父母共度一周。会有一个派对,他会在派对上看到她。

"如果她再那样做怎么办?"他问。

"什么意思?"

"和另一个男人约会。"

对于这一点,我已经学会了不做瞎蒙的、类似"这一点请

---

① 大卫·马梅(David Mamet, 1947—),美国导演。
② 亚历克·鲍德温(Alec Baldwin, 1958—),美国演员。
③ 杰克·莱蒙(Jack Lemmon, 1925—2001),美国演员。

相信我啦"这样的预测（我当然没有看见摩根出现）。

"你知道托尔斯泰说过什么吗？"我说。

"不知道。"

"他说一个女人永远不可能以同样的方式伤害你两次。"

一辆汽车走错了道，驶进了我们行走的单行道，我们都看着它。"你觉得真的是这样吗？"他说。

我认真想了想（他记得一切事情，当心你许下的承诺）。我在分手情人的清单（惊人的长）上搜索着。是的，确实如此，没有一个女人能够像她第一次离开我时那样伤害过我。然而我同样也意识到对大多数情况而言，我根本没有机会被同一个女人伤两次。当我那些不开心的情人们逃离我时，她们通常一次就跑得很远。

"是的，"过了一会儿我说，"我想是这样的。"

过了今晚，只剩几天就到圣诞节了，我在笨手笨脚地忙圣诞树，电灯忽灭忽闪，有些亮，有些不亮，这是一个无法解释的物理上的难题，只有我妻子才能搞定。此时我听到楼梯仿佛被人踩塌的声音，一股强烈的止汗剂的味道（像自行车打气筒喷出来的一样）渗进了我们的房间，而我们年轻的王子走进寒风中，去迎接他的命运。

那晚他没有回来。第二天早上电话答录机有一条充满成年男性气息的留言。草坪上铺了一层新鲜的雪，太阳已经在天空中发散出光芒。午后他回来了，关于昨晚的细节他仁慈地说得相当简短,但很生动。他真的去参加了派对,和一班戴棒球帽、穿尺寸过大的 T 恤和连帽衫的少年混在一起,到得晚一些。然后他看到了烟雾腾腾的客厅里的她,音乐震耳欲聋。他们聊了一会儿,这时她低声道:"如果你一直那样看着我,我就要吻你了。"天哪,他们从哪儿学到的这些话?难道他们参加派对前都在家苦读过托尔斯泰的小说吗?

之后他有点晕乎乎的(理应这样)。他们待在派对上,突然间他们两人都无须匆匆忙忙说什么了。奇怪但真实的是,似乎最近的几个月变得模糊而不真实起来,似乎从来没发生过(然而事情确实发生了,而他们之后将会有大量时间来谈这个)。不过,现在,他们就像骑着一辆没有刹车的自行车缓缓靠着惯性下山;即使努力尝试,这股动力也不会停下来。

我想起了电影俱乐部,现在我知道了,它就是从那个夜晚渐渐走向尾声的。杰西的人生翻开了新的一页。那时我从没想过这些。那时,事情看起来一如平常,一如问题已经解决,我们能够回到电影俱乐部。

然而,甚至在写下这些字的时候,我还是小心翼翼。我记得我对大卫·科南伯格的最后一次访问,那个时候我相当悲哀地观察到,抚养孩子就是一连串的再见,一个接着一个,开始是和尿布,然后是儿童防雪服,最后是和孩子本人。"他们把整段青春年华都用来离开父母……"我在发表我的观点的时候,孩子已经长大成人的科南伯格打断了我的话:"是的,但他们是否真的离开过呢？"

几晚之后，不可思议的事情发生了。杰西邀请我去观看他的表演。他在俱乐部的一个过去滚石乐队曾经表演过的角落进行表演，我们的总理的前妻在那儿带了其中一位吉他手回家。一年前杰西曾经将我赶了出来。一句话，这里充满历史感。

我被告知要在凌晨一点前的几分钟到达前门，并且举止要得体，他的意思是不要笨拙地流露自己的情感，不要有任何可能有损他那种充满危险的异性恋的"街头声望"的表现。我欣然同意。蒂娜没有被邀请，同时出现两位充满敬慕眼光的、含泪的成年人——那就太过分了。她也愉快地同意了。她是一位苗条的女人，身上很少脂肪，一想到要走进冰冻的空气中，可能要在凌晨排队等待四十五分钟，而安大略湖的冰冷气流正吹过街头，她最急切的好奇心马上就打了退堂鼓。

于是那夜十二点三十分，我冒险走向结冰的人行道，穿过公园。我沿着唐人街一条荒凉的街道走，可以看到猫在阴影里咬着什么说不上来的东西。转过拐角，风从我后背吹袭过来，一直吹到我到达酒吧为止。和从前一样，那儿似乎有同样的一群年轻人在等候，他们抽着烟，赌咒发誓，哈哈大笑，冰冷的呼吸悬在他们面前，像是漫画里的对白框一样。然后我看到了他。他疾步向我走过来。

"你不能进来，老爸。"他说。他看起来惊慌失措。

"为什么不能？"

"那里看起来不太好。"

"你说的是什么意思?"我问。

"那儿人不多。我们前面的表演进行得太长,走了一些观众——"

这对我来说足够了。我说:"你让我在一个冰天雪地的夜晚离开温暖的被窝,穿上厚厚的衣服,一路喘着粗气来到这儿,已经是凌晨一点,我期待了一整天,而现在你却告诉我我不能进去?"

几分钟后他领着我上楼,经过他以前曾给我打过电话的公用电话(时间过得可真快)。我进入了一间小小的、天花板很低的会堂,里面非常暗,最后面是一个小小的方形舞台。几位极瘦的姑娘坐在舞台侧边的一排椅子上。她们不停地踢着腿,抽着烟。

他其实担心得太多了:接下来的十分钟,门口因为来了戴着发网的黑人男孩和描着黑色眼线的修长姑娘(她们看起来像烦恼的浣熊)而暗了下来。还有克洛艾。她戴着钻石鼻钉,一头金色头发(他说得对——她看起来像个电影明星)。她像私立学校的小姑娘在暑假遇到校长似的欢快礼貌地和我打招呼。

我坐在那些巨大的黑色立方体(我一直不知道它们是什么,是被丢弃的扬声器,还是包装箱——谁知道呢)后面的角落里。那个区域如此之黑,我几乎辨不出我身边两位姑娘的样子。尽管我可以闻到她们的香水味,还可以听到她们欢快地交换着有些淫秽的内容。

杰西告诫我待在那儿，别说话，站着别动。他说他上台之前需要处理好"一些事情"。

我坐在黑暗中，心脏因为难以忍受的焦虑而怦怦作响。我等啊，等啊等。来了更多的孩子，屋子热了起来。最后一个年轻男子走上台（他所站的地方，是米克·贾格尔[①]曾经站过的地方吗）叫观众"他娘的做好准备"，将热烈的鼓掌喝彩献给"堕落的怀旧"！

没错，是"堕落的怀旧"。随后他们出场了，两个身材瘦长的男孩，杰西和杰克。《天使》的节拍响起来了，杰西将麦克风放到他唇边，然后唱出了那些歌词，苦涩又损人，特里斯坦反抗伊索尔德的怒吼[②]；克洛艾站在人群中，她的头轻轻地向两边摇，好像在躲避歌词中那些攻击和辱骂。

这不再是那个坐在沙发上看电影的少年。这是在我面前的舞台上的"某人"，而我再一次感觉到了他正不可避免地远离我，感觉到了他的"自我"……

对于杰西和我来说，各种各样的事情在发生：几个月后，他将《天使》拍成了音乐录影带；克洛艾扮演"姑娘"（那个被邀扮演角色的女演员因为参加可卡因狂欢派对而没有赶来）。

[①] 米克·贾格尔（Mick Jagger, 1943—），英国歌手，滚石乐队主唱。
[②] 典出英国诗人乔叟（Geoffrey Chauce, 1343—1400）的诗歌，讲述了特洛伊战争时期的一个爱情悲剧。

我们在天堂餐馆又吃过几次饭，在门廊和蒂娜又吸过几次烟（当我写下这些的时候，我甚至都能听到他们阴谋般高低起伏的声音），我们看了更多的电影，不过现在是在电影院看了，我们两人坐在过道左边九或十排的位置，那是"我们的位置"。他和克洛艾吵了几次，差点崩溃，又戏剧性地和好了。他有时喝得宿醉不醒，有时行为懒散，有时突然又热衷于烹饪写作，成了一位脾气暴躁的日本厨师的徒弟，还小小地"入侵"了一下英国音乐圈（"他们有他们自己的饶舌歌手，老爸！"）。

还有一张来自丽贝卡·吴（除了她还有谁）的可疑的生日贺卡，她目前正在法学院读二年级。

然后有一天——看上去他已经走出了悲伤——杰西说："我想重返学校。"他报名参加了为期三个月的速成课程，包括数学、科学和历史，几年前这些令他恐怖的事物打败了他。我认为他不可能撑下去的，他不可能连续几个小时坐在教室里。还有那些家庭作业。然而我再一次错了。

他的母亲，这位来自草原地区的前高中老师，在她希腊城的家里指导他学习。一切进行得并不顺畅，尤其是数学。有时候，他会生气地摇摇头，从厨房的桌子边站起来，一脸挫败，像疯子一样狂踢障碍物。但最后他总是能回到桌前。

他开始睡在那儿——早晨的时候学习效率比较高，他解释道："我有权这样做。"然后发展到完全不回我的家。

参加大考前一晚，他给我打电话。"不管结果如何，"他说，

"我希望你知道我真的尽力了。"

几周后,一封白色信封躺在了我的信箱里。我看到他爬上了门廊前的阶梯,取出了信封,打开了它,他的手在发抖,读信的时候头在不停地前后晃动。

"我通过了,"他大叫道,并没有抬头看我,"我通过了。"

他没有再回来住在我的房子里。他待在他妈的家里,随后跟他在学校遇见的一位朋友一起租了一间公寓。有过一件关于姑娘的麻烦事,我认为,但他们解决了。或者没解决。我记不清楚了。

我们再也没能一起看"了不起的剧本"单元的电影,我们已经没有时间。我想,这真的没有什么。总是有一些东西我们来不及看。

他已经长大成熟,不再需要电影俱乐部,在某种程度上,他也不需要我了,他不再是那个爸爸的乖儿子。你可能曾经不时地这样想过,然后有朝一日突然间,他就长大了。这种感觉真的能让人大跌眼镜。

有一些夜晚,我经过他三楼的卧室,走进去,坐在床边;他已经离开这个事实显得不那么真实,最初几个月这个念头常常萦绕着我。我注意到,他将《重庆森林》放在了床边的桌子上;这部电影对他已经没有用了,已经过了需要看它的阶段,它留在了那儿,就像蛇蜕下的皮。

坐在床边,我意识到,他永远也不可能像那样回来了。从现在起，他只是一个过客。但这是一件多么奇怪、不可思议、意想不到的礼物啊，这三年，在一个年轻人的人生中，正是他通常会开始对父母关上心扉的时候，而他却向我们敞开了。

我是何其幸运（尽管在那时看来可不是这样），由于没有工作，因而拥有那么多的空闲时间。那么多个白天、夜晚和午后。那么多的时间。

我仍然不时做白日梦，梦想再搞一个"被高估电影"的节目。我是多么想谈谈《搜索者》，谈谈对它的令人费解的称赞和衍生出的许多愚蠢的评析；或者谈谈金·凯利①在《雨中曲》中致命的弄虚作假。杰西和我，我们仍然有时间，但不再有那种时间，没有那种相当枯燥乏味，有时候简直是单调得令人生厌的时间，那才是真正与人生活的标志，你认为时间会永远这样进行下去，然而有一天，你发现，不是这样子的。

许多许多事情在发生。他上大学的第一天，写着他名字、有他照片的学生证带来的那种无法言喻的快乐，他的第一份作业——《约瑟夫·康拉德<黑暗之心>中多角度叙事的作用》，他和大学朋友放学后第一次喝啤酒的经历。

但在我眼前，只看见一个在破旧的城中俱乐部的舞台上的高个子少年，他手上拿着一支麦克风，他的父亲隐藏在观众当中。和那些穿着滑雪衫、有着浣熊般眼睛的女孩们坐在黑暗中，

---

① 金·凯利（Gene Kelly，1912—1996），美国演员。

我得承认我私下里偷偷哭了一把。我不知为何为他而哭,我想,我是在为他身上发生的事而哭,为不能再重温的时间而哭;而《真实的罗曼史》中的歌词一直在我的脑海中不断重复:"你真酷,你真酷,你真酷!"

致谢

写一本关于家庭成员的书,特别是如果你爱他们的话,会是一种痛苦不堪的经历,而且会是我短期内不会重复的一种经历。写完这本书,我的第一个感谢必须献给我的儿子杰西,他信任我,为我提供了他的照片,并在事先没读过原稿的情况下就允许我出版。我同样要感谢他的母亲,玛姬·胡索拉克,为她所做的我在此无法枚举的很多事情。我也想说明,即我的女儿玛姬·吉尔莫(现已长大并住在芝加哥)虽然并没有出现在这个特别的故事中,却非常重要和无可代替地出现在我的人生中。回顾最近这四十年,我欠她母亲安妮·麦肯西一个感谢,也许还有钱。

我要将本书献给编辑和出版人帕特里克·克林，是他挽救了我的写作生涯；我同样要感谢我的经纪人山姆·希雅特，某段时间和我电话联系不上时，他显示出了他的重要性和热情。我要感谢乔纳森·卡普、奈特·格雷以及十二出版社的加里·戈德斯泰因；感谢玛尼·杰克逊托我写关于托尔斯泰的稿子；感谢皇后音像店的男男女女，感谢他们毫无厌倦地提供服务，甚至对最无关紧要的隔夜短租也是如此。一如既往，我必须感谢天堂餐馆的侍者，本书的部分篇幅是在那里写成的。

当然，没有我妻子蒂娜·格拉德斯通的爱和安慰，我不知道这本书，或者是我，会变成什么样子。

书中提到的电影:

华生一家 *The Waltons*

神探可伦坡 *Columbo*

四百击 *The 400 Blows*

本能 *Basic Instinct*

机械战警 *RoboCop*

美国舞娘 *Showgirls*

西北偏北 *North by Northwest*

罪与错 *Crimes and Misdemeanors*

火山:探究马尔科姆·劳瑞的生与死 *Volcano: An Inquiry Into the Life and Death of Malcolm Lowry*

公民凯恩 *Citizen Kane*

巫山风雨夜 *The Night of the Iguana*

码头风云 *On the Waterfront*

灵欲春宵 *Who's Afraid of Virginia Woolf?*

谁可相依 *Plenty*

第三人 *The Third Man*

一夜狂欢 *A Hard Day's Night*

性感野兽 *Sexy Beast*

巨人 *Giant*

现代启示录 *Apocalypse Now*

八部半 *8½*

美人计 *Notorious*

闪灵 *The Shining*

安妮·霍尔 *Annie Hall*

环游世界八十天 *Around the World in Eighty Days*

穷街陋巷 *Mean Streets*

法国贩毒网 *The French Connection*

伊斯达 *Ishtar*

巴黎最后的探戈 *Last Tango in Paris*

蒂凡尼的早餐 *Breakfast at Tiffany's*

丛林热 *Jungle Fever*

阴间大法师 *Beetle Juice*

开放的美国学府 *Fast Times at Ridgemont High*

罗马假日 *Roman Holiday*

决斗 *Duel*

大白鲨 *Jaws*

欲望号街车 *A Streetcar Named Desire*

热情如火 *Some Like It Hot*

这个杀手不太冷 *Léon*

与鲨同游 *Swimming with Sharks*

疤脸煞星 *Scarface*

了不起的盖茨比 *The Great Gatsby*

汉娜姐妹 *Hannah and Her Sisters*

洛丽塔 *Lolita*

偷自行车的人 *Bicycle Thieves*

正午 *High Noon*

卡萨布兰卡 *Casablanca*

教父 *The Godfather*

流氓警察 *Internal Affairs*

死亡地带 *The Dead Zone*

教父 II *The Godfather: Part II*

警网铁金刚 *Bullitt*

独行杀手 *The Godson*

夜长梦多 *The Big Sleep*

荒野大镖客 *A Fistful of Dollars*

不可饶恕 Unforgiven

肮脏的哈里 Dirty Harry

虎豹小霸王 Butch Cassidy and the Sundance Kid

绝对权力 Absolute Power

迈阿密风云 Miami Vice

阿基尔,上帝的愤怒 Aguirre: The Wrath of God

窈窕淑男 Tootsie

万尼亚在四十二街口 Vanya on 42nd Street

乱 Ran

小偷 Thief

罗丝玛丽的婴儿 Rosemary's Baby

继父 The Stepfather

德州电锯杀人狂 The Texas Chainsaw Massacre

毛骨悚然 Shivers

异形 Alien

惊魂记 Psycho

鬼婆 Onibaba

驱魔人 The Exorcist

法国贩毒网 The French Connection

重庆森林 Chungking Express

情枭的黎明 Carlito's Way

紧急搜捕令 Magnum Force

谜中谜 *Charade*

007之诺博士 *Dr. No*

在火山下 *Under the Volcano*

甜蜜的生活 *The Sweet Life*

美好人生 *It's a Wonderful Life*

美国风情画 *American Graffiti*

漂亮女人 *Pretty Woman*

洛奇Ⅲ *Rocky III*

夜行客 *Night Moves*

尼基塔 *Nikita*

蓝丝绒 *Blue Velvet*

亲爱的妈咪 *Mommie Dearest*

外星第九号计划 *Plan 9 from Outer Space*

潜龙轰天 *Under Siege*

夺命凶灵 *Scanners*

机智问答 *Quiz Show*

最后的细节 *The Last Detail*

唐人街 *Chinatown*

全金属外壳 *Full Metal Jacket*

深夜秀 *The Late Show*

线人 *The Friends of Eddie Coyle*

猎人之夜 *The Night of the Hunter*

星尘往事 *Stardust Memories*

柳巷芳草 *Klute*

矮子当道 *Get Shorty*

野狼 *Hombre*

猛龙铁金刚 *Mr. Majestyk*

独闯迈阿密 *Stick*

52号密杀令 *52 Pick-Up*

杰克·布朗 *Jackie Brown*

战略高手 *Out of Sight*

真实的罗曼史 *True Romance*

落水狗 *Reservoir Dogs*

好奇心 *Murmur of the Heart*

鸟 *The Birds*

另一个女人 *Another Woman*

大黎明 *Dirty Money*

曼哈顿 *Manhattan*

低俗小说 *Pulp Fiction*

江湖侠侣 *To Have and Have Not*

大亨游戏 *Glengarry Glen Ross*

南街奇遇 *Pickup on South Street*

搜索者 *The Searchers*

雨中曲 *Singin' in the Rain*

图书在版编目(CIP)数据

父子电影俱乐部：陪孩子走出叛逆青春期／（加）吉尔莫著；连城译.－－海口：南海出版公司，2014.8
 ISBN 978-7-5442-7172-1

Ⅰ．①父… Ⅱ．①吉… ②连… Ⅲ．①青春期－家庭教育 Ⅳ．①G78

中国版本图书馆CIP数据核字(2014)第111461号

著作权合同登记号　图字：30-2008-251
THE FILM CLUB © 2007 by David Gilmour
Simplified Chinese language edition published in agreement with David Gilmour c/o The Rights Factory Inc., through The Grayhawk Agency.
Simplified Chinese edition copyright:
2014 THINKINGDOM MEDIA GROUP LIMITED
All rights reserved.

父子电影俱乐部：陪孩子走出叛逆青春期
〔加〕大卫·吉尔莫　著
连城　译

出　　版	南海出版公司　(0898)66568511
	海口市海秀中路51号星华大厦五楼　邮编570206
发　　行	新经典发行有限公司
	电话(010)68423599　邮箱 editor@readinglife.com
经　　销	新华书店
责任编辑	刘灿灿
特邀编辑	白　路　刘文茵
装帧设计	张志全
内文制作	周文彬
印　　刷	北京天宇万达印刷有限公司
开　　本	850毫米×1168毫米　1/32
印　　张	8
字　　数	136千
版　　次	2014年8月第1版
印　　次	2014年8月第1次印刷
书　　号	ISBN 978-7-5442-7172-1
定　　价	32.00元

版权所有，未经书面许可，不得转载、复制、翻印，违者必究。